L_m^3. 688.

GENEALOGIE DE
LA MAISON DE
MOYRIA,

SEIGNEVRS DVDIT LIEV, ET DE MAILLIA,
Montange, Surron, la Tour de saint Martin du Frayne,
& Colombiniere, Barons de Chaſtillon
de Corneille.

D'or à la bande d'azur accompagnée de ſix-billettes en or.
Cimier. Vne Licorne d'argent.
Supports. Deux Griffons d'or.
Deuiſe. *Inuia virtuti, nulla eſt via*
Autrement. **A** la vertu nul paſſage fermé.

GENEALOGIE de la maiſon de Moyria, faite
& preuvée en ſuitte de l'ordonnance faite par le Roy
en l'an mil ſix cents ſoixante ſix, ou tous les Gentils-hommes de France furent obligez de iuſtifier de
leur Nobleſſe pardeuant les Intendants de chaque Prouince,
ce qui fut executé par celle de Breſſe & Bugey, à Bourg en
Breſſe pardeuant Monſeigneur de Bouchu Intendant de la Iuſti-
ce, Police & Finances au Gouvernement de Bourgongne, qui
obligeat Meſſire Loüis Marin de Moyria Seigneur dudit lieu &
de Mallia, de faire faire une exacte recherche de tous ſes pa-
piers pour preuver ſadite Nobleſſe, & affiliation de ladite
maiſon de Moyria, & à treuvé & iuſtifié par bons tiltres pardeuant ledit ſieur Intendant & le ſieur l'Oyſeau, nommé pour la
verification deſdits tiltres que.

I.

1040.

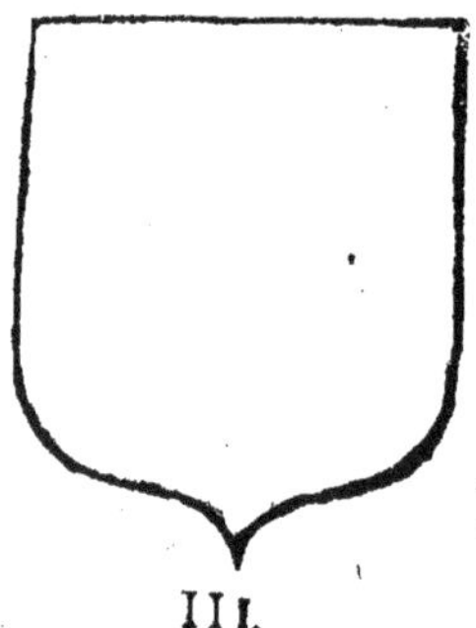

EVrard de Moyria Cheua-
lier viuoit en l'an de noftre
Seigneur courant mil quarante,
comme il fe iuftifie par vn partage qu'il fit auec Guillaume,
& Hugues Moyria Cheualiers
fes freres ladite année, & qu'il
auoit vn fils nommé Ilio de Moyria Cheualier, ledit partage figné
par de Buxo.

II.

1080.

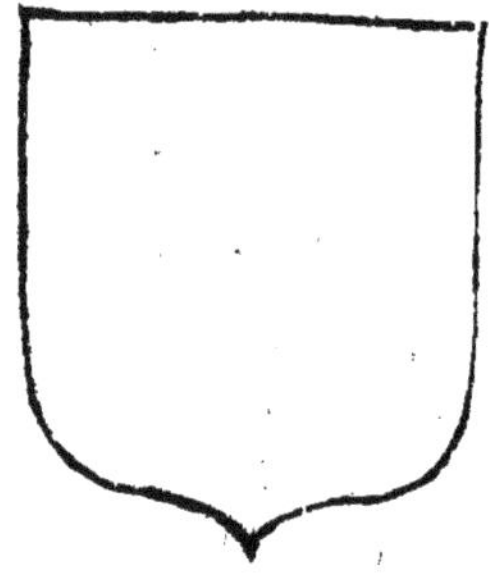

ILio de Moyria Cheualier, viuoit en l'an mil huictante, comme fe iuftifie par vne vente qu'il
fit d'vn pré audit an de l'authorité dudit Eurard de Moyria Cheualier fon pere, figné Hugo-
nius.

III.

1110.

GIrard de Moyria Cheua-
lier & Vaucher de Moy-
ria, Cheualier fon frere, & de
l'authorité de Ilio de Moyria
leur pere firent vne donation
en faueur de Humbert premier
Prieur d'Enemond en Bugey de
tout ce que lefdits freres de Moyria Cheualiers auoient fur la mô-
taigne dudit Enemond, & de l'au-
thorité encor d'Eurard leur grand pere, & de Guillaume,
& Hugues de Moyria Cheualiers fes freres, ainfi qu'il fe
voit, & iuftifie dans le Cartulaire dudit Prieuré d'Enemond, & dont il y a vn extraict de ladite donation dans
les archiues dudit Seigneur de Moyria, où eft appofé le
Sceau dudit Prieuré de l'an mil cen ts dix.

A

1112.

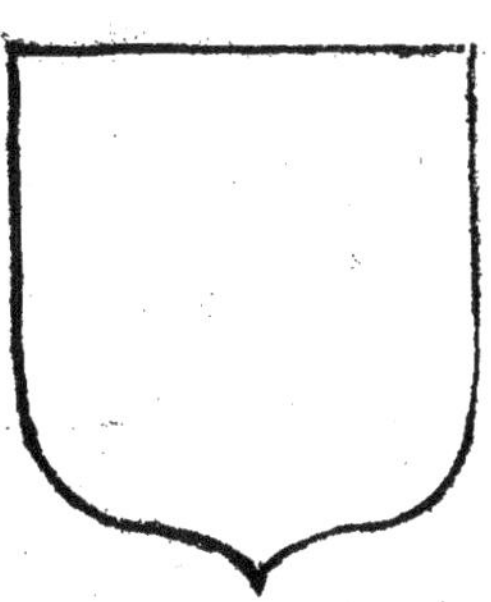

EStienne de Moyria Cheualier eſtoit fils de Girard de Moyria Cheualier, comme ſe iuſtifie par vne Donation qu'ils firent par enſemble de quelques prés, en faueur de l'Abaye de ſainct Oyen, appellée a preſent de ſainct Claude, en datte du douxiéme d'Aouſt mil cents & douze, ſigné de Buxo, ledit Eſtienne de Moyria Cheualier, fut vn des témoins, auec Hugues de la Baume Cheualier, & Vuillerme de Nat auſſi Cheualier à la vente que firent à perpetuité, les Seigneurs Vuillerme de Toires fils ſes freres Humbert, & Gilibert auec que leur mere, & la femme dudit Vuillerme de tout ce qu'ils auoient de droict & de domaine dans les limites de Meyria aux Reuerends Peres Chartreux, auec pouuoir donné auſdits Reuerends Peres d'acquerir des biens hors leſdites limites, & c'eſt pour le prix de quatre liures Geneuoiſes. Au bas ; Et en ſuitte de laditte vendition eſt vne lettre d'Eſtienne Comte de Bourgongne écritte à ſes tres-chers & bien aymez leſd Religieux de Meyria ; par laquelle il accorde, & permet laditte vente, en preſence des mémes témoins

1116.

Cheualiers cy-deſſus écrits, en datte de l'Année mil cents ſeize, ſigné par maiſtre de Buxo Notaire, dont l'expedition originelle eſt dans les archiues dudit Seigneur de Moyria, & l'original dans celle deſditsChartreux de Meyria.

1166.

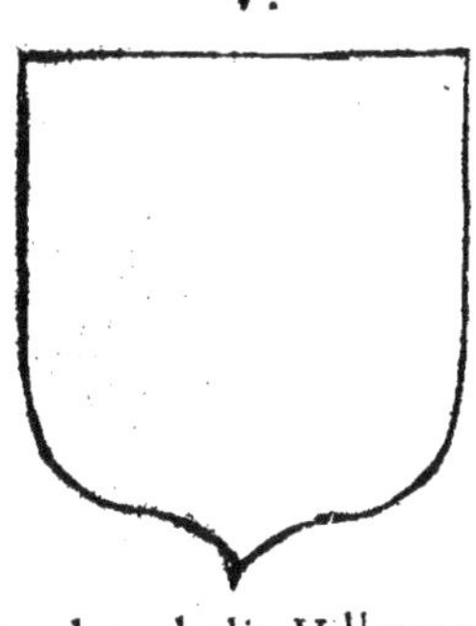

PHilippes de Moyria Cheualier, eſtoit fils d'Eſtienne de Moyria Cheualier, comme ſe iuſtifie par la donation que fit ledit Philippes de Moyria de l'authorité d'Eſtienne ſon pere aux Chartreux de Meyria, de tout ce qu'il auoit ſoubs la coſte de Chiuillard, du coſté de ſaint Martin du Freſne, dépuis le chemin tendant dudit Village en la grande maiſon, ainſi qu'il ſe iuſtifie

iuſtifie par l'acte de l'An mil cents ſoixante-ſix, ſcellé du
Sceau de l'Archipreſtre d'Ambroncy, & de celuy d'Humbert Prieur de Nantua, dont l'original eſt dans les archiues de la maiſon de Moyria, & vn extraict deüement collationné, & ſigné au propre original dans les archiues dudit Seigneur de Moyria.

VI.

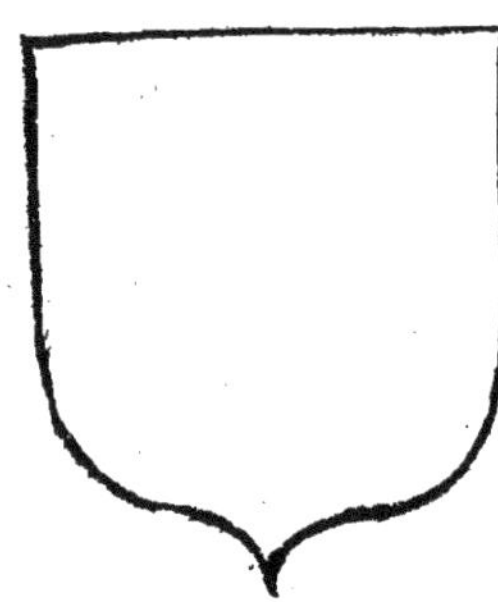

1200.

GVy de Moyria Cheualier viuoit en l'An mil deux cents,
& laiſſat pluſieurs enfans ; ſçauoir
Guillaume de Moyria qui ſuit ſon
ayſné, Guy ou Guionnet de Moyria Damoyſeau ſon ſecond fils,
Eſtienne de Moyria homme d'E-
gliſe, Pierre de Moyria Damoyſeau, Hugues, & Antelme Moi-
nes, vn autre Hugues, & Barthe-
lemy de Moyria Damoyſeau : Il auoit auſſi trois filles ; ſçauoir Beatrice, Alix, & Guiette de Moyria mariée à Pierre
de Dorches Cheualier, comme ſe iuſtifie par la quitance faitte de ſa dot, en l'An mil deux cents trente, ſoubs
1230. les Sceaux de Humbert ſire de Thoyres, & de Villars, &
d'Amé Comte de Geneue , par laquelle quittance l'on
voit que ledit Guy de Moyria eſtoit pere de tous les enfans
cy-deſſus nommés, qu'il eſtoit fils de Philippes.

VII.

1255.

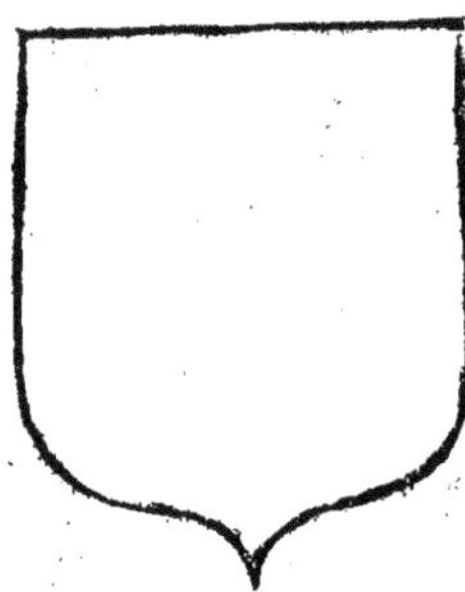

GVillaume de Moyria fils
ayſné dudit Guy Cheua-
lier, euſt pour femme dame Petronille ſans point de ſurnom,
& pour leurs enfans Pierre de
Moyria qui ſuit, & Guy de Moyria ſon frere ; comme ſe preuue
par vne vente faitte par ledit
Guillaume Cheualier à vn frere qu'il auoit nommé auſſi Guy
de Moyria Cheualier ratiffiée par ſa ditte femme, & Pierre, & Guy leurs enfans, en datte du moys de Iuillet mil
deux cents cinquante-cinq, ſoubs les Sceaux de dame
Beatrice

Beatrice de Toires & de Villars, & de l'Abbé d'Ambro-
nay, se preuue encor que ledit Guillaume estoit fils de Guy
de Moyria Cheualier cy deuant, & pere de Pierre de Moyria Cheualier cy-aprés par vne vente qu'il fait aux enfans
de sondit frere nómé Guy de tout ce qu'il auoit en la Valée
de sainct Oyen dit de sainct Claude, ratiffiée en mesme
temps & par mesmes tiltres par Petronille sa femme, &
par Pierre, & Guy ses aysnés: comme encor par plusieurs
autres enfants dudit Guillaume, & de ladite Petronille,
nommés Iean, Guillaume, Hugonet, Reymond, & Bar-
telemy, le tout de l'authorité de Guy leur grand pere, &
pere dudit Guillaume, ledit Hugonet fut Chanoine en
l'Eglise des Comtes de sainct Iean de Lyon, comme se
preuue par les tiltres d'icellé Eglise, & particulierement
par vn tiltre de la maison de Moyria de l'an mil deux
264. cents soixante-quatre.

VIII.

1309.

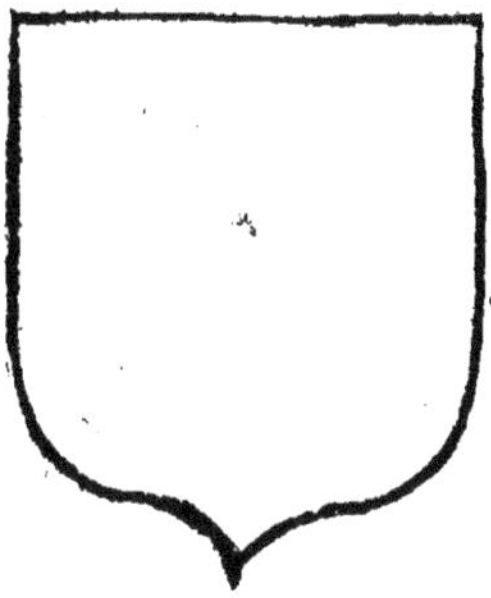

Pierre de Moyria Cheualier
estoit fils aysné dudit Guillaume cy-deuant, comme il a
esté preuué, & auoit pour fils
Hugues de Moyria cy-aprés,
comme se preuue par le Testament de messire Guichard de la
Baume Chanoine en l'Eglise des
Comtes de Lyon, en datte du
mois de Decembre, vn iour de
Lundy auant la Feste de sainct Thomas Apostre, de l'an
mil trois cent neuf, par lequel il fait vn legat audit Pierre de Moyria fils de Guillaume, & substituë Iean de
Moyria, & Amé de Moyria ses nepueus, enfans de Hugues de Moyria fils aysné dudit Pierre de Moyria, lequel
Pierre auoit aussi vne fille nommée Beatrice de Moyria,
mariée au Seigneur de Hugues de Morney Cheualier, comme se preuue par la quitance de sa dot, du Dimanche
aprés la Natiuité de la Vierge, mil trois cents huict, signée
par maistre Estienne de Bussillo, où l'on voit par ladite
quittance Comme ladite Beatrice de Moyria estoit fille
dudit Pierre de Moyria, & sœur de Hugues de Moyria
fils aysné dudit Pierre.

La

D'or à la vi-
ure d'azur
poſée en
bande.
Cimier, vn
cygne d'ar-
gent
Supports,
deux Grif-
fons d'or.
Cry, *la Bau-
me.*

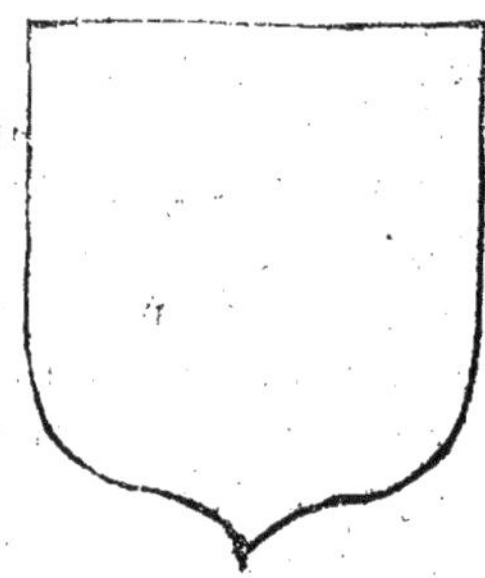

LE teſtament du Seigneur Hugues de Moyria Cheua-lier fils ayſné de Pierre cy-de-uant, & pere de Iean cy-aprés, du Dimanche auant la Feſte ſainct Vincent Martyr, mil trois cents ſept ſigné par Bertrand Depodio, & ſcellé du Sçeau du Seigneur Humbert de Thoyres, & de Villars. Il euſt pour fem-me Marguerite de la Baume fille d'Eſtienne de la Baume qui a continué la ligne des Comtes de Mont-reuel, & de laquelle il euſt les enfans ſuiuants; ſçauoir, Iean ſon ayſné cy-aprés nommé, & Perret ſon frere, Hugonnet qui fut Chanoine en l'Egliſe des Comtes de ſainct Iean de Lyon, en l'année mil trois cents trente-quatre, comme ſe iuſtifie par les tiltres de ladite Egliſe, & par vn de la maiſon de Moyria, ſigné Depodio, vn autre nommé Eurard Moine de Cluny, Amé, Guillaume Moine de ſainct Oyen dit de ſainct Claude. Se iuſtifie encor que ladite Marguerite de la Baume eſtoit fille d'Eſtienne de la Baume par le teſta-ment de Guichard de la Baume frere dudit Eſtienne & de ladite Marguerite Chanoine en l'Egliſe des Comtes de ſainct Iean de Lyon & de ſainct Iuſt de la même ville, en date du mois de decembre, vn iour auant la Feſte de ſainct Thomas Apoſtre de l'an mil trois cents neuf, par lequel teſtament fait & eſcrit de ſa propre main en la-tin, il fait & inſtitue ſes heritiers vniuerſels le Seigneur Pierre de Moyria & Hugues ſon fils beau-frere dudit Guichard & mary de laditte Marguerite ſa ſœur, & ſubſti-tue Iean de Moyria ſon nepueu, aprés auoit fait des legats à Catherine de Moyria ſa niepce de cent liures viennoiſes, & autát à vn nommé Perret de Moyria auſſi ſon nepueu. De plus par addition d'vn codicille eſcrit au bas dudit te-ſtament donne audit Pierre de Moyria douze gobelets d'argent, peſants douze marcs d'argent au coing de Mont-pellier, le teſtament dudit Guichard de la Baume fut re-preſenté en plein Chapitre de l'Egliſe de Lyon, pardeuant monſieur l'Official de ladite ville, nommé Barthe'emy de

Ioz pour par luy eftre ouuert, leu, & publié en prefence
de venerable perfonne meffire Guillaume Doyen, les Cha-
noines, les Chapelains, les Clercs & autres Ecclefiaftiques
Seculiers tefmoins à c'eft effect appellés, du Lundy aprés
les Rameaux treifiême iour du mois d'Apvril de l'an prins
à Pafques mil trois cents neuf fcellé du fceau dudit Official de Lyon auquel eft figurée vne main qui empoigne
vne croffe auec cefte infcription au tour, *S. Officialis Ec-
clefiæ Lugdunenfis.* Se iuftifie encor que ladite Marguerite
de la Baume eftoit femme dudit Hugues de Moyria par la
confirmation du teftament dudit Hugues en faueur de
Iean, & Perret, & autres leurs enfants du dimanche auant
la fefte de fainct Vincent martir mil trois cent fept, figué
Bertrand Depodio; comme encor par autre confirmation
de ladite Marguerite de la Baume de tous les biens donnés
par elle à Iean fon fils, & en faueur des enfans dudit Iean,
en datte du premier de Septembre mil trois cents vingt-
quatre figné Laurent Baudini, le fufdit Hugues fut le
premier de la maifon de Moyria qui prit la qualité de Seigneur de Mallia.

Les Efchelles, X.

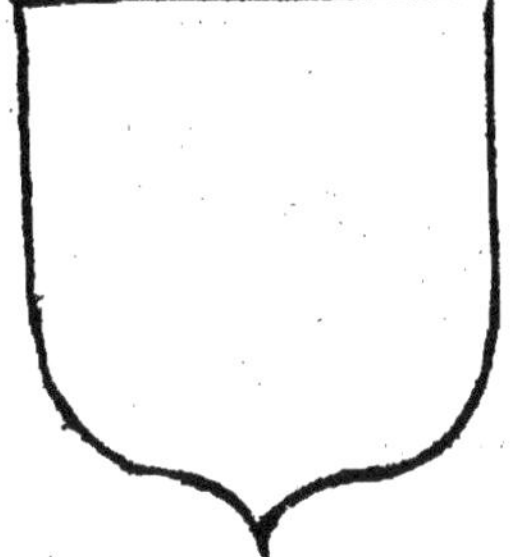

1320.

De gueules
à trois faf-
ces d'ar-
gent.

IEan de Moyria Damoifeau
Seigneur dudit lieu, & de
Mallia fils de Hugues cy-deuant,
& pere d'André cy aprés qui fuit
viuoit és années mil trois cents
vingt, & vingt-deux, comme fe
iuftifie par la tutelle de fes enfans, baillée à Efmonette des Efchelles fa femme, en datte du
mercredy d'aprés la Fefte que
l'on chante, *Oculi mei*, mil trois cents vingt-trois, figné
Martiniaco, ce fut en ladite Efmonette des Efchelles que
faillit la race des Seigneurs des Efchelles, & qui porta la
maifon de ce nom dans la maifon de Moyria, qu'eft ce
qu'on appelle à prefent la Tour, fituée dans le village de
Iuiurieu àppartenant aprefent à Iean Pierre de Moyria
Seigneur, & Baron de Chaftillon de Corneille, fe preuue encor que ledit Iean eftoit pere d'André qui fuit, par

vii

vn acquiſt par luy fait de Guionnet Terrier d'vn eſtang
appellé de Pramarin en datte du quatrieſme de Feurier
mil trois cents trente quatre ſigne Pierre de Fonté, comme encor par vne quitance faite par Amé de Moyria
àladite Eſmonette des Eſchelles vefue dudit Iean , &
mere dudit André cy-aprés en datte du Vendredy d'aprés
la feſte de la Natiuité de la Vierge de l'an mil trois cents
vingt-quatre ſigné Baudini, dans ladite quitance ſont
pour teſmoins frere Iean des Eſchelles infirmier de l'Abbaye de ſainct Oyen,à ppellé apreſent de ſainct Claude,
& André des Eſchelles ſon frere : ladite Eſmonette des Eſchelles eſtant leur ſœur preuue qu'elle eſtoit de bonne,&
ancienne Nobleſſe ; puis qu'elle auoit vn frere infirmier
& Religieux de ladite Abbaye de ſainct Claude, où il faut
faire les meſmes preuues qu'à Malte , ſe preuue encor que
ledit Iean eſtoit pere d'André , par vn acte d'accord fait
entre Amé de Moyria frere dudit Iean,& Eſmonette des
Eſchelles ſa vefue, par l'entremiſe de Pierrede la Baume
grand oncle maternel dudit Iean de Moyria, & du nommé Perret ſon frere, du cinquiéme de Ianuier, mil trois
cents vingt-trois, ſigné Laurent Baudini.

BVSSY XI.

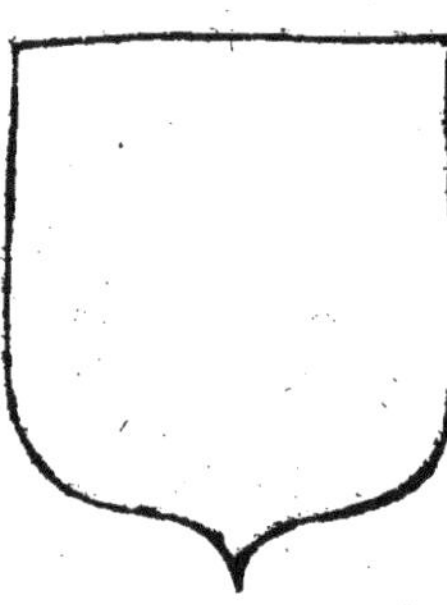

LE teſtament du Seigneur André de Moyria fils de Iean de
Moyria cy-deuant Seigneur dudit lieu, & de Mallia, & pere
de Perceual de Moyria cy aprés
en datte du quatriéme de Iuin
mil trois cents huictante ſept, il
eut pour femme Marguerite de
Buſſy, fille de Guillaume de Buſſy Seigneur dudit lieu , Ayriaz
Baron de Brion, & Marquis de Dinteuille, comme ſe voit
par leur contract dottal, de l'an mil trois cents trente-ſix,
ſigné par maiſtre Laurent Baudini, comme encor par la
quitance de la dot de ladite Marguerite de Buſſy, de l'an
mil trois cents nonante ſept, ſigné par maiſtre Iean Albi.
Ledit André de Moyria Seigneur dudit lieu, & de Mallia
auoit eu pluſieurs enfans de ladite Margueritte de Buſſy ;
Sçauoir Perceual de Moyria ſon ayſné cy aprés nommé
Eleonof

Eleonor de Moyria mariée à noble Iean de Mirigniaz Efcuyer comme fe iuſtifie par la tranſaction faite entre ledit
André de Moyria, & ledit Iean de Mirigniaz, du vingt-
ſeptiefme de iuillet, mil trois cents cinquante, ſigné Co-
clearij. Il euſt encor vne autre fille nommée Clemence de
Moyria mariée au Seigneur Hugues de Dorten, comme
ſe voit par les quitances de ſa dot, du vingt huictiefme
d'Aouſt, mil trois cents huictante-ſept, ſigné de Curtil,
& par vne ceſſion de droict faite par ladite Clemence de
l'authorité dudit Hugues de Dorten ſon mary audit Seigneur André de Moyria ſon pere, du treziefme de Decembre, mil trois cents huictante-ſept, ſigné de Curtil.
Et par autre quitance de ſa dot faite par ledit Seigneur
Hugues de Dorten audit Seigneur André de Moyria, le
penultiefme de Fevrier, mil trois-cents nonante. De plus
par vne quitance faite par la dite Clemence de Moyria
vefve dudit Seigneur Hugues de Dorten au Seigneur Perceval de Moyria Seigneur dudit lieu, & de Mallia ſor
frere fils ayſné, & heritier dudit Seigneur André de Moyria
leur pere, du vingt-neufviéme du mois de may, mil quatre
cents-huict, ſignée Baudini, & par autre quitance du mé-
me iour & an, ſignée par ledit Baudini. Ledit Seigneur
André de Moyria fut fait & eſtably Gouuerneur de la Ville d'Auignon, & de tout le Comtat par Patentes du ſei-
ziefme decembre, mil trois cents ſoixante-quatre, l'an
troiziefme du Pape Vrbain cinquiéme, & fuſt continué
Gouuerneur de ladite ville & dudit Comtat, par Gregoire onziefme ſon ſucceſſeur, par Patentes datées du vingt-
deuxiefme octobre mil trois cents ſeptante ſept, & fût
en ſuitte enuoyé Ambaſſadeur en Lombardie par ſadite
ſainteté Gregoire onzieme, par letres datées en Auignon, l'an mil trois cents huictante huict, ledit Seigneur
André de Moyria Cheualier fit vn traitté auec le Prince
Charles Dauphin de Viennois, fils ayſné du Roy de France, nommé Iean, cinquante-vniéme Roy de France (qui
fût fait priſonnier par les Anglois, en l'année mil trois
cents cinquante ſix, & perdit cette fameuſe bataille où
douze-mille Anglois defirent ſoixante mille François) ledit Charles Dauphin ſon fils ayſné, fût aprés ſa mort
fait Roy de France, en l'an mil trois cents ſoixante qua-

tre , soubs le tiltre de Charles cinquiesme dit le Sage, qui
fut pere de Chales sixiesme Roy de France, en l'année
mil trois cents huictante) ledit traité est de l'an mil trois
cents cinquante, & le dixiesme iour du mois de may, par
lequel ledit André de Moyria Chevalier, promet & iure
audit Prince Dauphin, qu'il fera en sorte que Iean de
Moyria Damoyseau son frere germain le seruira auant
toute personne, excepté le Seigneur Abbé de sainct Oyen,
appellé à present de sainct Claude, & les Comtes de Thoyres , & de Villars , & ledit Princes Charles luy promet en
recompense de luy donner cents quarante florins d'or de
pension, & luy baille pour caution de sa parolle Reuerend
Seigneur Henry de Villars Archeuesque de Lyon , & noble Seigneur Hugues de Geneve , Seigneur de Varey,
Humbert Seigneur de Villars, Yues Seigneur de Garadul,
frere Iacques de Rivoire Commandeur de Navarre, Odo
Allemand Commandeur de Limoges, Amblard Seigneur,
de Belmond , Amé de Rossilon Conseigneur de Boucha-
ge , Iean de Groslé Seigneur de Neyrieu , Artaud de Beau-
semblant , Iean de Florignat, & Bertrand Duclos Treso-
rier , & Conseillier dudit Prince Dauphin , chacun d'i-
ceux entierement , & pour le tout. Ce qui fut fait à Ro-
man en Dauphiné, dans la maison du Commandeur de
Navarre, en presence de Pierre , Prince de Bourbon , &
noble homme Egirius Anselmi Seigneur de Montegu,
Henry Seigneur de Montaignat, & de Guillaume de Sa-
vigni Clerc, & Secretaire dudit Prince Dauphin, ainsi que
plus au long est contenu audit acte de promesse , & de
conuention, receu & signé par maistre Humbert Pilati
Clerc de la Bussiere, au Diocesse de Grenoble, Notaire
public, de l'authorité Imperialle, extraict de son propre
Protocolle, signé Pilati.

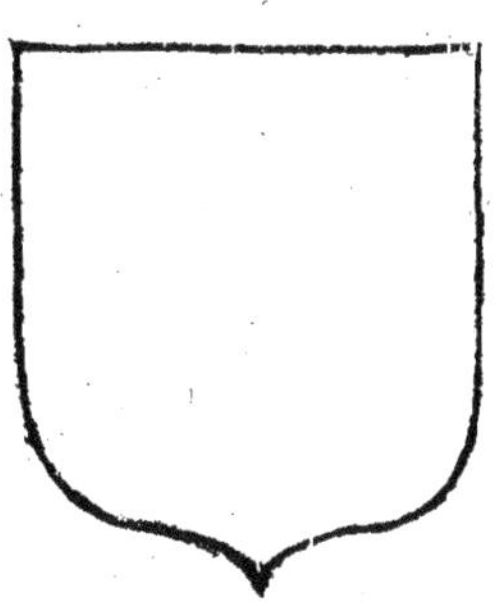

1413.

D'or à trois bandes d'azur.

LE teſtament de noble & puiſſant homme le Seigneur Perceval de Moyria Cheualier ſeigneur dudit lieu, & de Mallia, Baron de Chaſtillon de Corneille, les Eſchelles, & la Verdattiere, fils ayſné d'André cy-deuant, & pere d'André cy-aprés, en datte du ſixiéme d'Avril, mil quatre cents treize, ſigné Decreto Notaire; Il ſe voit par ledit teſtament qu'il eut pour femme Eleonor de Palagnin, dont il eut pluſieurs enfans; à ſçauoir André cy-aprés nommé ſon ayſné, Guillaume de Moyria ſon ſecond fils, lequel a commencé la branche des Seigneurs Barons de Chaſtillon de Corneille, il euſt de plus vne fille mariée auec le Seigneur Guillaume de Dorten, comme ſe voit par la quitance de ſa dot du vingt ſeptiéme de Iuillet mil trois cent nonante cinq, ſigné Chauferij Notaire, & aprés le decez dudit Seigneur Guillaume de Dorten, ladite marguerite de Moyria ſa vefve, fuſt remariée en ſecondes nopces au Seigneur Guichard de ſainct Triuier Seigneur de Chazelles, fils du Seigneur Guy de ſainct Trivier, comme ſe iuſtifie par leur contract dottal, du vingtieſme d'Avril mil quatre cents vn, ſigné Decreto Notaire, comme encor par trois quitances de la dot de ladite marguerite de Moyria, faites par ledit Seigneur de ſainct Trivier, Seigneur de Chazelles, l'vne du dernier d'avril, mil quatre cents ſept, ſigné Figeti Notaire, l'autre du vingt cinquiéme Fevrier, mil quatre cents huict, ſigne Chauferij Notaire, & la troiſiéme du cinquiéme Iuillet, mil quatre cents vn, ſigné Baudini Notaire; Eut encor vne autre fille nommée Phelife de Moyria, mariée au Seigneur de Vertembeau, comme ſe iuſtifie par vne ceſſion faite à ſon pere du douziéme Fevrier, mil quatre cents quatre, ſigné Decreto Notaire. Ledit Perceval de Moyria fuſt eſtably, & fait Baillif de Beugey, Valromey, & la Noualayſe, Chaſtellain & Gouverneur de ſainct Rambert, & ſainct Germain d'Ambericu, ſa vie durant, par le Prince Amé Comte de Sauoye, &

du

du Genevois, par lettres datées à Tres-fort le huictiéme,
Novembre, mil quatre cents deux, signé Deiugo Notaire: Ledit Seigneur Perceval de Moyria estoit grand con-
fident & amy dudit Prince Amé Comte de Savoye, com-
appert par la lettre à luy escrite, dont la teneur s'ensuit;
*Mon tres cher & bien aymé Conseiller, nous vous saluons de tres-
bon cœur, vous sçauez comme les gens de nostre conseil sont obligez à tenir hostage à cette my Caresme pour les sept mille francs
que vous sçauez, si est vray que depuis nous est suruenu la ve-
nuë du Bastard de Sauoye, dont nous a fallu prendre quatre mille
francs qu'auions appresté pour vous ennoyer de de là pour iecter
hors d'hostage messire l'Hermitte de la Faye & Chasteau Mourant,
que ledit Bastard a laissé à Gennes en hostage, car nous auions
esperance de recouvrer des dons de nos Banniers & Gentils-hômes,
lesquels ne nous ont octroyé lesdits dons qu'a present, & à payer
trois sepmaines apres Pasques, & vous sçauez les charges que nous
auons, tant des hostages de Paris, comme d'autres plusieurs cho-
ses; Nous escriuons à nostre tres-cher oncle & tante de Villars,
qu'ils veüillent prolonger lesdits hostages pour aucun temps, au-
moins d'icy à la Pentecoste, & dans lequel sera recouurée ladite
finance, si vous prions tres à certes le plus que nous pourrons,
qu'ainsi que de vous auons tant de confiance en l'Hostel de Villars qu'en nul autre, & comme y ayant beaucoup de pouuoir vous
veüillez procurer devers iceux nos oncle & tante le prolonge-
ment desdits hostages, iusques au terme de Pentecoste, si comme
de ce vous pourra plus plainement informer, Guillaume de Genoux
porteur de cette, nostre Seigneur vous aye nostre cher amy en sa
garde. Escrit le septiesme de mars, & scellée de son Sçeau
en cire rouge.*

LVYRIEVX XIII.

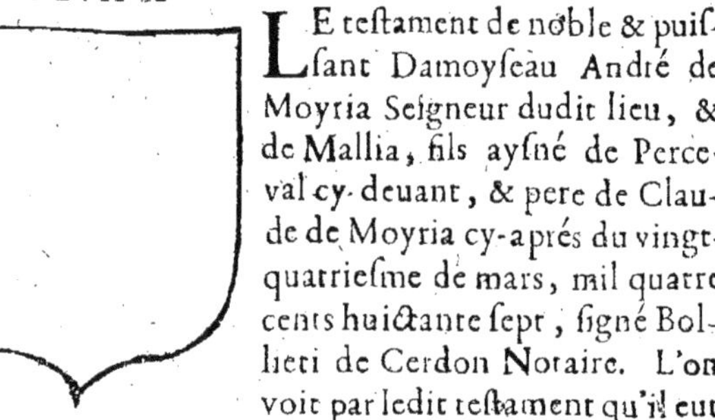

LE testament de nôble & puissant Damoyseau André de
Moyria Seigneur dudit lieu, &
de Mallia, fils aysné de Perceval cy-deuant, & pere de Claude de Moyria cy-aprés du vingt-
quatriesme de mars, mil quatre
cents huictante sept, signé Bol-
lieti de Cerdon Notaire. L'on
voit par ledit testament qu'il eut
pour femme Claudine de Luyrieux fille dudit Seigneur

Loüis de Luyrieux Seigneur de la Nouualeize, grand
Chambellan du Duc de Sauoye, & d'Anthoinette de l'Il-
lustre maison de Poix, de laquelle Claudine de Luyrieux,
il eut plusieurs enfans sçauoir Claude de Moyria son aysné
cy aprés nommé, & son heritier vniuersel. Aynard de
Moyria Prieur de Montrailleur protonotaire Apostolique,
Perceval de Moyria Religieux de saint Iean de Ierusalem,
appellé à present Cheualier de Malte, Iacques de Moyria Moine, lequel fut en suite Abbé de sainct Supplice en
Bugey, & d'Autecombe en Savoye, comme se iustifie par
multitude de tiltres desdites Abbayes, bins faits, repa-
rations, & fondations qu'il a fait esdites Abbayes; Ledit
André de Moyria auoit encor vne fille nommée Eleonor
de Moyria, mariée au Seigneur Iean de sainct Nisier Seigneur de Chalans, Gouuerneur, & Mareschal de Savoye,
comme se iustifie par l'accord fait entre luy, & Claude de
Moyria cy-aprés nommé son beau-frere, comme fils aysné,
& heretier dudit André de Moyria son pere, en datte du
dix-septieme de Iuillet, de l'an mil quatre cents soixante-
quatre, signé *Trinitatis Durandi*, & Montrotier Notaire,
comme encor par l'assignation de dot de ladite Eleonor
entre ledit Iean de saint Nizier, & ledit Claude de Moyria, du dixiéme de decembre, mil quatre cents septante,
signé Durandi Notaire, ledit Seigneur André de Moyria
fut fait, & estably Gouuerneur pour le Prince Amé Comte de Savoye, du Chasteau & Mandement de Mataffelon,
comme se iustifie par ses Patentes, à Geneve, le dix-neuf-
viéme de septembre, quatre cents quatorze, signé Bo-
bat, & scellé de son Sçeau en cire rouge, se voit par vne
lettre du mesme Prince qu'il aymoit beaucoup ledit **André** de Moyria, qu'il estoit fort consideré pour la guerre,
& qu'il en faisoit cas, dont la teneur s'en suit. *Nous te sa-
lüons cher amy pour aucunes nouuelles qui presentement nous sont
suruenues, nous est necessaire mettre sur pied certaine quantité de
gens d'armes, pour ce te mandons si-tres à certes plus que pouuons
que tu te veuilles disposer de venir à nostre seruice, & nous amener
auec toy cinq hommes d'armes, gens de fait, & de lite, bien mōtez,
& armez qui puissent faire nostre honneur, le tien, & le leur, par
maniere qu'ils soyent prets quinze-iours aprés que te le ferons
sçauoir, & nous te ferons contenter bien à poinct de tes gages, si*

tt

te prions de rechef tres à certes qu'en ce ne nous veuilles faillir, au-
tant qu'aymes noſtre honneur, & eſtat, & nous reſcris par ce
porteur ce qu'en pourras faire adieu joyes, eſcrit à Tonon, le douzième iour de Iuin, & ſcellé de ſon Sçeau en cire
rouge; Il faut remarquer qu'en ce temps là châque homme d'armes en vouloit dire dix, ſi bien que c'eſtoit cinquante hommes d'armes que ledit Prince demandoit audit
André de Moyria, qui eſtoit vn grand honmme de guerre,car il auoit auſſi eſté au ſeruice du Duc de Bourgögne,
Capitaine,& Gouuerneur des Villes de Semur en l'Auxois,
& de Chaſtillon ſur Seine, auec pluſieurs autres Cheualiers dans ſa compagnie, comme ſe voit, & ſe iuſtifie par
vne requeſte que ledit André de Moyria preſenta au Roy
de France pour auoir le payement de ſes gages, & de pluſieurs autres Cheualiers, eſquiers de l'Empire, qui auoient
ſeruy dans ſa compagnie par ladite requéſte, ledit André demande encor le payement de deux cheuaux rouſſins
qui auoient eſté tués deſſous luy au ſiege de Chaſtillon ſur
Seine, ladite requeſte eſt en date du quatorzieſme mars,
mil quatre cents ſoixante.

LAVBEPIN XIV.

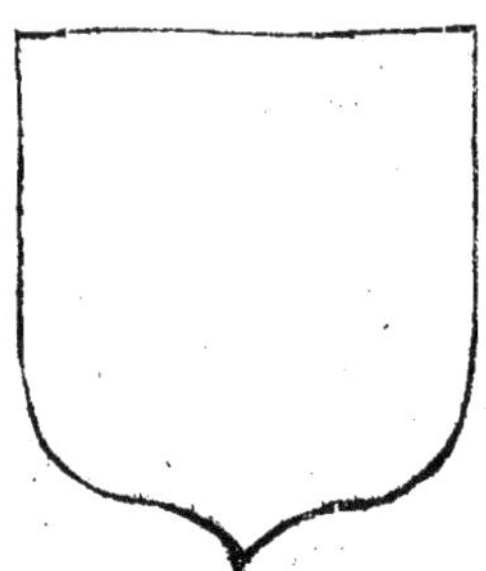

MAriage de noble, & puiſ-
ſant Seigneur Claude de
Moyria Seigneur dudit lieu, &
Mallia fils ayſné, & heritier du
Seigneur André de Moyria cy-
deuant, & pere du magnifique
Seigneur Irené de Moyria cy-
aprés, auec Ieannette de l'Au-
beſpin, filla de noble, & puiſſant Seigneur Iacques de l'Au-
bepin Cheualier, du huétieſme iuin, mil quatre cents
cinquante-deux, ſigné Bertrandi Notaire, & comme ledit
Claude de Moyria mourut jeûne, & ſans teſter, ſe iuſtifie
qu'il eſtoit pere de Irené cy-aprés par vn reachept fait à
Aynard de Moyria Prieur de Montailleur Protonotaire
Apoſtolique, oncle & tuteur dudit Irené, & frere dudit
Claude, du ſeptieſme de may, mil quatre cents ſeptante-
trois, ſigné Laurentij, comme encor par les quitances fai-

D

tes par noble Roland de Garadul , Seigneur & Marquis
de l'Eclufe en Beaujolois , en faueur d'Irené de Moyria Seigneur dudit lieu, & de Mallia, à caufe de la dot de Philiber-
te de Moyria, fœur dudit Irené de Moyria, fille dudit Claude de Moyria, & femme dudit Roland de Garadul en date du ving-troizifme de Iuin , mil quatre cents huiⱥante-
neuf, figné Girardi Notaire, & par autre quitance dudit
mois, ving-troiziefme de Iuin, mil quatre cents huiⱥante-
cinq, fignés Martini & Girardi notaires, & par autre quitance du penultiéme d'aouft, mil quatre cents huiⱥante-
neuf, fignés Girardi & Chapponey Notaire ; l'on voit
encor dans les Terriers des Seigneurs de Moyria , de l'an
mil cinq cents huiⱥante quatre, figné de Bonaz Notaire,
& Commiffaire, comme ledit Claude eftoit pere dudit Irené ; fe iuftifie encor que ledit Claude eftoit pere dudit Ire-
ré par vne quitance , figné la Plume , faite par ledit Irené
de Moyria au Seigneur de l'Aubefpin, le quatorziefme d'a-
vril , mil quatre cents nonante-quatre , à caufe de la dot
de Ieannette de l'Aubefpin femme dudit Claude , pere
dudit Irené , & fa mere.

Ledit Claude de Moyria eftoit fort aymé de Loüis Duc
de Savoye, comme fe preuue par cinq, ou fix lettres qu'il
luy auoit efcrites, dont la teneur feroit trop longue de
les inferer icy , en voicy feulement vne qui dit ; *Noftre
cher bien-aymé, & feal , ayant deffein de nous feruir de vous,
& vous faire connoiftre le reffouuenir que i'ay des feruices que vos
predeceffeurs ont rendus aux miens, ie vous enuoye les prouifions
de Gouuerneur de noftre Chafteau du pont Dain & Chaftellain,
d'icelluy en attendant mieux, Dieu vous aye en fa fainⱥe garde,
de Chambery le vingt-fixiéme de May, mil quatre cens cinquante,*
& les prouifions defdits Gouuernement & Chaftellenie,
font en date du dix-huiⱥiefme de may , de la mefme année, figné le Duc de Savoye, & feellées de fon Sçeau.

1519.
D'azur à vn cheuron d'or, bordé de geules accompagné de trois Lyons d'or, deux en chef, & vn en pointe. Cimier, xn Lyon d'or. Supports, deux Lyon des mefme.

LE teftament de magnifique Seigneur Irené de Moyria Segneur dudit lieu, & de Mallia, fils ayfné & heritier de Claude cy-deuant, & pere d'Anthoine de Moyria cy après, en date du dix feptiéme de may, mil cinq cents dix-neuf, figné Rubat de Mont-real Notaire, il eut pour femme Loüife de Chevron, fille de noble Vrbain de Villette de Chevron, comme fe iuftifie par fon teftament, cóme encor par celuy de ladite Loüife de Chevron fa vefve, du vingt cinquiéme d'avril, mil cinq cents trente deux, ledit Irené par fon teftament inftituë fes heritiers vniverfels; fçauoir, ledit Antoine cy-après nommé, & Loüis fon frere, comme fe iuftifie tant par ledit teftament, que par le partage qu'ils firent de fes biens après fon decez, le cinquiéme de mars, mils cinq cents quarante-neuf, figné Iacquand de Mont-real Notaire, fe preuue encor que ladite Loüife de Chevron eftoit femme dudit Irené de Moyria par l'ypotheque de fa dot du vingt deuxiéme de may mil cinq cents douze, figné Hugonis notaire; ledit Irené de Moyria euft encor vne fille nommée Claudine de Moyria mariéeà noble Claude de Seyturier, comme fe preuue par les quitances faites par ledit Seigneur de Seyturier, audit Seigneur Anthoine de Moyria fils ayfné dudit Irené, & à Loüife de Chevron fa vefue, & mere dudit Anthoine du vingt-vniéme de fevrier mil cinq cents vingt-neuf, figné Ramus notaire, & par autre du vingt-cinquiefme d'avril mil cinq cents trente, fignée par ledit Ramus, & par autre du huictiefme d'avril, mil cinq cents trente cinq, fignée auffi Ramus, & comme encor par autre quitance, du fixiefme de feptembre, mil cinq cents trente-huict, figné Brunet Notaire; Ledit Irené de Moyria fut fort aymé de Charles Duc de Savoye, lequel le fit fon grand Chambellan, & Gouuerneur du mont de Vis, & de Verfeil en Piedmon, comme fe iuftifie par fes prouifions tant de fadite charge de grand Chambellan, & que de fefdits deux

Gouuer

Gouuernements , en date , à Turin le douziefme de Fevrier, mil cinq cents quinze , figné Vvetillet, & fcellées
du grand Sçeau dudit Duc , comme encor par vingt-deux
lettres efcrittes audit Irené de Moyria par ledit Prince
Charles Duc de Savoye qui iuftifient,& preuuent fort qu'il
eftoit bien aymé de luy ; Il eut encor vne fille nommée
Marguerite , mariée à Alexandre Defquinouoya , Baron
de Pimorin,Cheualier de l'Ordre du Roy, & grand maiftre
d'Hoftel de la Reyne Caterine de Medicis , comme fe
preuue par la donation faite du Chaftellet à Iean Philibert de Moyria du vingt-troifiéme fevrier mil cinq cents
feptante fix.

BEAVFORT XVI.

LE teftament de noble Seigneur Anthoine de Moyria
Seigneur dudit lieu,& de Mallia
fils ayfné d'Irené de Moyria cy-
deuant & Pere de françois de
Moyria cy-aprés en date du
onziéme Aouft mil cinq cents
cinquante neuf receu & figné par
maiftre Claude Ferraz de Seyfi-
rieu , & Anthoine Iacquand de
Mont-real Notaires Ducaux, expedié par Branche , & Pu-
taud Notaires Royaux , extraict par eux fur la premiere
expedition originalle , qui eft prefentement entre les
mains , & au pouuoir de la dame de Vollogniat, vefve
du fieur de Moyria Vollogniat, Baron de Morney , ledit
Antoine de Moyria Seigneur dudit lieu & de Mallia , eut
pour femme Anthonette de Beau-fort , fille de noble &
puiffant Seigneur Antoine de Beau fort , & de haute &
puiffante dame Françoife de Menton , comme fe prevue
par leur contract de mariage , du deuxiefme de Iuin , mil
cinq cents vingt fept , fait dans la Ville d'Anecy en Savoye , reçeu par maiftre Martignet Notaire Ducal , en
prefence du Prince Philippes de Sauoye , Comte de
Genevois, & du Prince François de Luxembourg : de plus
eft encor joint la donation que fait ledit noble genereux
& puiffant Seigneur Antoine de Moyria fils de feu noble
& puiffant Irené de Moyria quád viuoit Seigneur de Mallia,

lia, en faueur de ladite Anthoinette de Beau fort sa femme
du second iour de decembre, mil cinq cents quarâte-deux,
indiction quinzielme, signé par Bertrand Boccard de Lo-
xier notaire du Diocese de Geneve, ledit Antoine de Moyria eut plusieurs enfans de ladite Anthonette de Beau fort;
Sçauoir ledit François de Moyria cy-aprés nommé son
aylné, & heritier, duquel le Prince François de Luxembourg fut parrain comme se iustifie par vne lettre que ledit Prince de Luxembourg escriuit audit Antoine de Moyria, où il est qualifié son cher compere, & luy demande
des nouuelles de son filleul, dattée d'Annecy, le huictiéme de decembre, mil cinq cents quarante, signé François
de Luxembourg: le second fils dudit Antoine de Moyria
s'appelloit Pierre de Moyria, qui a commencé la branche
des Seigneurs de Vollogniat, en vertu d'vne donation qui
luy fut faite par Loüis de Füillans Seigneur dudit lieu
Vollogniat, Chasney, & Creuecœur grand veneur de son
Altesse de Savoye, de ça les monts, Gouuerneur de Ver-
seil, qui mourut à l'âge de cent ans, sans s'estre iamais
voulu marier, & fit son heritier vniuersel ledit Pierre de
Moyria, second fils dudit Anthoine de Moyria Seigneur
de Mallia, aux conditions qu'il porteroit son nom, & armes escartelées auec les siennes; de plus ledit Anthoine eut
encor vne fille mariée à Gaspard de Meyriaz Seigneur de
Laumont fils de Iean de Meyriaz Seigneur dudit Laumont
Fitigni, & Baron de Roussi comme se voit par la quitance
de la dot de ladite Françoise de Moyria en datte du quatriéme de mars mil cinq cents septante deux signé Pilorion
notaire, ledit Anthoine eut encor vne autre fille mariée
à Hugues de Rougemon Seigneur de Verneaux nommée
Ieanne de Moyria, comme se iustifie par la ratiffication de
leur contract de mariage du dix-huictiesme Ianuier mil
cinq cents cinquante trois signé Brunet notaire, comme
encor par vne cession du quinsiesme de may mil cinq cents
huictante cinq en faueur de Loüis, & Emanuel de Moyria
freres, nepueus de ladite Ieanne de Moyria, signé Daignat
notaire; il y à de plus vne ratiffication faite par Anthoinette de Beaufort femme dudit Anthoine de Moyria, &
mere dudit François de Moyria cy-apiés, & de Pierre
Françoise, & Ieanne de Moyria cy-deuant nommés.

E

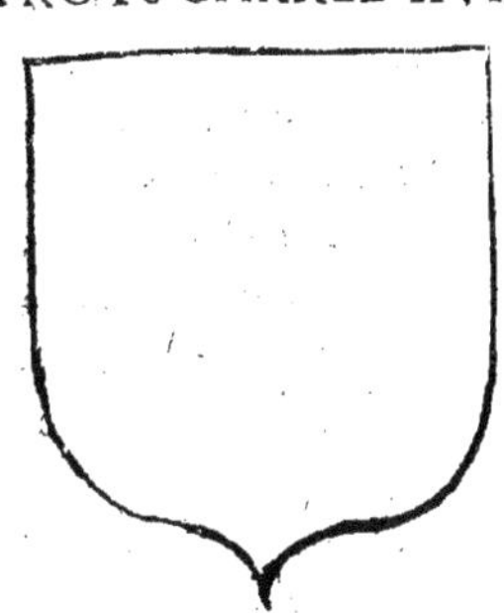

1585

D'azur à trois Anne-lets d'argent l'vn dans l'autre.

LE teſtament de meſſire François de Moyria Seigneur dudit lieu & de Mallia, Baron de la
Velliere, fils ayſné, & heritier
d'Anthoine cy-deuant, & pere
de Loüis de Moyria cy-aprés, du
vingt-troiziéme d'avril, mil cinq
cents huiẞtante-cinq, receu &
ſigné par maiſtre François Brun
de Cerdon, & Antoine Brunet
d'Oyonnax notaires, il eut pour
femme dame Claudine de Proſt, dame de Charrel en Dauphiné, fille vnique de Iean de Proſt Eſcuyer Seigneur dudit Charrel, & d'Anthoinette de Briol, fille de Philibert
de Briol Eſcuier Seigneur de la Serraz en Bugey, comme
ſe iuſtifie par leur contraẞt de Mariage, du troiſiéme de
Iuin, mil cinq cents quarante-cinq, indiẞtion troiſiéme,
receu par maiſtre François Brunet d'Oyonnaz, & Amé Billet de Virieu le grand, & par vn aẞte de quitance fait par
le Seigneur de Mallia au Seigneur de la Serra, de la dot de
ladite Claudine de Proſt, du troiſieſme de Iuin, mil cinq
cents quarante-cinq, ſigné Brunet notaire, & par autre
quitance faite entre Philibert de Briol, Seigneur de la
Serra tuteur de ladite Claudine de Proſt, & meſſire Antoine de Moyria Segneur de Mallia, pere dudit François de
Moyria, de l'année mil cinq cents quarante huiẞt, ſigné
Billet notaire de Virieu le Grand; Il y a encor le teſtament
de ladite Claudine de Proſt vefve dudit meſſire François
de Moyria, & mere de Loüis de Moyria cy-aprés, en date
du vingt-neufviéme de Iuillet, mil cinq cents nonante-
deux, ſigné Daignat notaire.

Ledit meſſire François de Moyria Seigneur dudit lieu &
de Mallia, Baron de la Velliere, eſtoit grand veneur de Savoye, Breſſe, Bugey, & Valromey, & Gouuerneur de la Ville
& paſſage de Nantua, comme ſe iuſtifie par ſes prouiſions,
dattées à Chambery, le troiſiéme de fevrier, mil cinq cents
huiẞtante, deüement ſignées & ſcellées, il eut pluſieurs enfans de ladite Claudine de Proſt ſa femme; Sçauoir ledit
Loüis ſon ayſné cy-aprés nommé Emanuel, Philibert ſon
ſecond

second fils, lequel fut filliol d'Emanuel Philibert Duc de
Savoye, comme se iustifie par vne lettre que ledit Prince
escriuit fort obligeante audit messire François de Moyria,
par laquelle entr'autres il luy marque qu'il a à pris auec
bien de joye que Madame sa femme a accouché fort heu-
reusement d'vn beau fils, duquel il veut estre parrain, &
pour cét effet il luy enuoye le sieur de Cornoz son Escuyer
d'escuirie pour le porter à son nom sur les saints fonds de
Baptesme, en date ladite letre de Broules-Bourg, le ving-
vniesme de septembre, mil cinq cents soixante-neuf, signé
Emanuel Philibert, & plus bas Caluze; ledit François
eut plusieurs filles mariées, tant au Seigneur de la Balme
deMonchalin Seigneur d'Osteuoz en Dauphiné. De la fo-
rest en Savoy, de Verlaillieu en Bresse, qu'au Seigneur de
Mont-falcon, Baron de Flassieu en Beugey.

DONCIEVX XVIII.

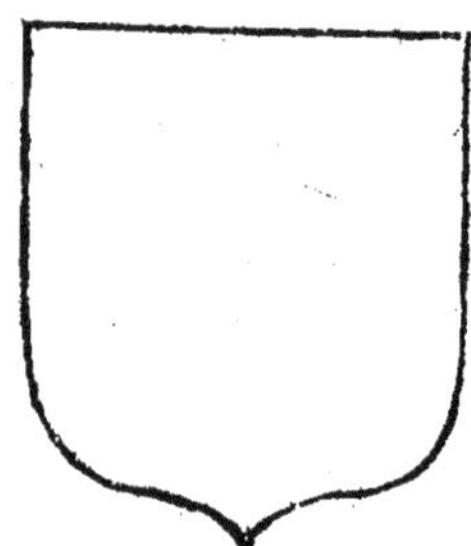

LE testament de messire Loüis
de Moyria Seigneur dudit
lieu & de Mallia, Douvres,
Coigniat, Conseigneur de Virieu le Grand, & Baron de la
Velliere, fils aysné, & heritier
dudit messire François de Moyria cy-deuant, & pere de messire
Claude Marin de Moyria cy-
aprés, en date du vingt-troizié-
me iour du mois de Iulliet mil six cents trente-quatre, receu
& signé par maistre Fornier notaire royal de sainct Iean le
vieux, extraict, & collationné par Antoine Fornier Gar-
denotte dudit Fornier, auec l'esgalisation au bas du
Lieutenát General du Bailliage de Beugey, signé Tricaud,
ledit noble & puissant Seigneur Loüis de Moyria fils dudit messire François de Moyria cy-deuant, eût pour femme Damoiselle Marie d'Oncieux, fille vnique, & heritiere de feu noble Catherin d'Oncieux, Seigneur de Douvres,
comme se iustifie par leur mariage, en date du dernier
d'avril mil cinq cents nonante, signé Daignat; ladite Marie d'Oncieux n'auoit qu'vn cousin germain nommé Ianus
d'Oncieux grand personnage, & qui a esté plus de vingt
cinq ans durant premier President du souuerain Senat de

Savoye

Savoye, & Gouuerneur de la Prouince. Le teſtament de
ladite Marie d'Oncieux qui demeura vefve dudit meſſire
Loüis de Moyria, eſt du trentiéme Ianviér, mil ſix cents
quarante deux, receu par maiſtre Pompé Fornier notaire
Royal de ſainct Iean le Vieux, & collationné à ſon propre
original, par le fils dudit Pompé ayant droit des notes, &
Protocolles de ſon pere; ledit Loüis de moyria laiſſa pluſieurs enfans de ladite Marie d'Oncieux, ſçauoir, Claude Marin de moyria ſon ayſné cy-aprés nommé, deux
autres tués à l'armée au ſeruice du Roy en Italie, nommés d'Ouvres, & Montanges, vn nommé de Coignat
decedé à l'âge de trente ans, & Claude Guillaume
de moyria Seigneur de Douvres, Baron de la Velliere,
par lequel commence la branche des Barons de la Velliere, qui n'a qu'vn fils à preſent viuant, nommé Marc Aṅ-
thoine de Moyria, & deux fiil les nommés Mariane de
moyria, & Claudine Auguſtine de Moyria, ledit Loüis
laiſſa encor vne fille nommée Claudine Catherine de
Moyria mariée à Antoine de Carron Eſcuier, Seigneur dudit lieu, & des Parroiſſes proche de Belley, lequel n'a laiſ-
ſé qu'vne fille nommée Mariane de Carron, mariée à preſent au Seigneur de Chaſtillonnet ayſné de la maiſon de
Seiſel; ledit meſſire Louis de Moyria accompagna Charles Emanuel Duc de Savoye au voyage qu'il fit en France
pour voir le Roy Henry quatriéme, comme ſe voit par
la lettre que ſadite Alteſſe luy eſcriuit fort obligeante pour
l'engager à l'y ſuiure eſcrite de Quiers le dix huictiéme de
Fevrier, mil cinq cents nonante neuf, ledit Loüis de Moyria eſtoit grand veneur dans le pays de Savoye, Breſſe Beugey, & Valromey, comme ſe iuſtifie par ſes prouiſions
données à Tonon, le dix neufviéme de novembre, mil
cinq cents nonante-huict, ſigné Chales Emanuel, & con-
treſigné Borſier, ſcellées de ſon grand Sçeau; ledit Loüis
de Moyria fut député de la part des Gentils-hommes de
Bugey pour aler voir le Roy & le complimenter, & l'aſſeu-
rer de leur fidelité, aprés l'eſchange de la Breſſe; Bugey
& Valromey, auec le Marquiſat de Saluſſe, comme ſe iuſtifie par l'extraict au propre original de ſa nomination da-
tée le neufviéme d'aouſt, mil ſix cents vn, ſigné Milliret.
Ledit Loüis de Moyria rendit aprés ſon retour de la Cour
quelque

quelque feruice confiderable au Roy en ces pays de Bugey, puifque Henry quatriéme, & Loüis treiziéme luy font
l'honneur de luy efcrire des lettres fort obligeantes, & le
remercient de fes foings, celle d Henry quatriéme efcrite
de Paris le dix-neuf de Ianvier, mil fix cents dix , figné
Henry, & plus bas Potier , & celle de Loüis treiziéme efcrite auffi de Paris, l'onziéme de Iuin de la mefme année,
figné Loüis , & plus bas Potier.

DE CAMVS XIX.

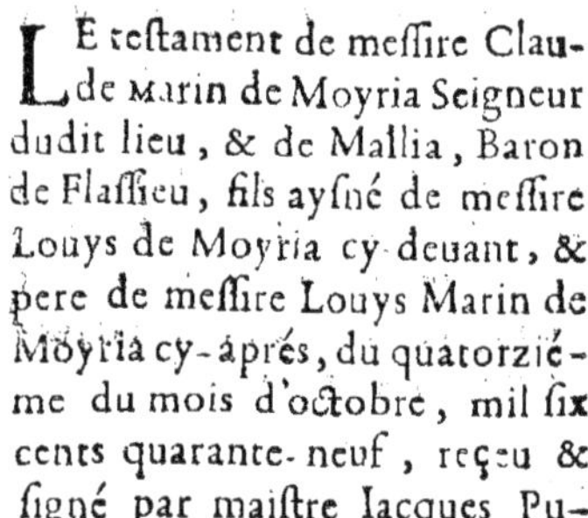

D'azur à
rois croif-
fans mon-
tans d'azur
deux & vn
à vne eftoi-
le d'or vn
cœur , ou
en abyme.

LE teftament de meffire Claude Marin de Moyria Seigneur
dudit lieu, & de Mallia, Baron
de Flaffieu, fils ayfné de meffire
Louys de Moyria cy-deuant, &
pere de meffire Louys Marin de
Moyria cy-aprés, du quatorzié-
me du mois d'octobre, mil fix
cents quarante-neuf, reçeu &
figné par maiftre Iacques Pu-
thaud du lieu de Peyriaz , & Iean Louys Fourax du lieu
de Nantua notaires , & par François Laguette , extraict & garde des nottes , & Protocolles dudit Pu-
thaud, & par Grillin notaire de Nantua , les Protocolles dudit Louys Fouras à luy exibés par Iean Pierre Fouras fils dudit Louys Fouras recevant gardiateur de
fes Protocolles. Ledit meffire Claude Marin de Moyria eut
pour femme Damoyfeille Anne de Camus fille de meffire
Charles de Camus Efcuier Seigneur & Baron de Bagniol,
Frontenas, la Roche, la Blancherie & Iuouls, & de Claudine du Peyrat, fille de meffiré Maurice du Peyrat Cheualier de l'ordre du Roy Henry troiziéme, comme fe iuftifie par leur contrat de mariage, du dixiéme d'avril, mil fix
cents vingt , figné Gueyton notaire Royal de Lyon, le
teftament de ladite dame Anne de Camus, vefve dudit
meffire Claude Marin de moyria, & du quinzéme decembre, mil fix cents cinquante, figné Papillion notaire Royal
de Lyon, ledit meffire Claude Marin de moyria, a laiffé
plufieurs enfans de ladite Anne de Camus fon Efpoufe;
fçauoir ledit meffire Louys Marin de moyria cy-aprés fon
ayfné & heritier, Ieanne Meranciane de moyria mariée

à Berard du Breul efcuier Seigneur de Saconey, qui a trés-
dignement feruy le Roy dans les armées eftant Capitaine
dans le Regiment de Conti, où il receut plufieurs bleffures,
particulierement en la bataille de Nordlinguen, fous Monfieur le Duc d'Anguien, à prefent Prince de Côdé, où il fut
treuvé parmy les morts , & où vn de fes freres fut treuvé
mort à fon cofté. Iofeph Antelme de Moyria Religieux
dans l'Abbaye Royalle d'Efnay à Lyon, Charles Emanuel
de Moyria Chamarier du Prieuré de faint Pierre de **Nan-**
tua , & Nicolas de Moyria deftiné pour eftre Chevalier de
Malte , prefentement Enfeigne Colonnel du Regiment
de monfieur le Prince d'Arcourt. Claudine de Moyria **Re-**
ligieufe aux Dames de Blyë à Lyon, Marie Efter , & Anne
Emanuelle Religieufe à fainte Marie à Belley ; ledit meffire Claude Marin de Moyria fut long-temps Cornette de
la compagnie de Caualerie d'Henry de Savoye Duc de Ne-
mours, comme fe iuftifie par fes prouifions, du huictiéme
d'aouft, mil fix cents feize, figné Henry de Savoye, en fuite
il fut fait Lieutenant de Caualerie dans l'Efcadron de Savoye du marquis de faint Maurice, auec la paye de Capitaine entretenu, & aprés fut fait Gentil-homme ordinaire de la chambre de Victor Amedée Duc de Savoye, comme fe iuftifie par fes prouifions données à Turin, le premier de mars mil fix cents trente-deux, deüement fignées
& fcellées, & fut en fuite fait Capitaine de Caualerie dans
ledit Efcadron de Savoye, comme fe preuve par fes prouifions, du premier decembre de la mefme année, mil fix
cents trente-deux, deüement fignée & fcellées, & aprés le
decez dudit Victor Amedée Duc de Savoye, il fut fait par
madame Chriftine de France , Ducheffe de Savoye fa
vefve , premier Efcuier ordinaire de fa perfonne par
fes prouifions données à Thurin, le vingt-feptiéme Iuillet,
mil fix cents trente-fept, deüement fignées & fcellés.

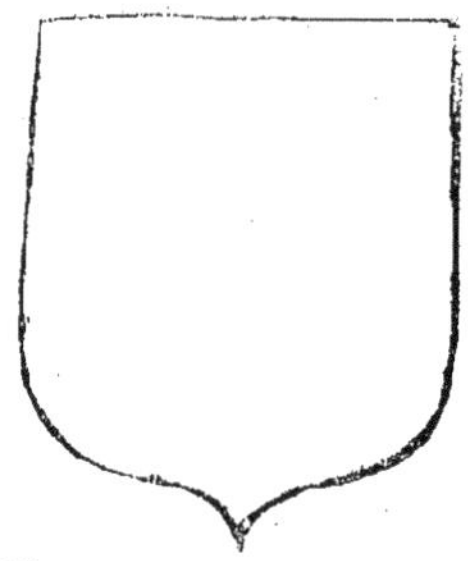

LE côtract de mariage de meffire Loüis Marin de Moyria
Seigneur dudit lieu, de Montange, Surrô, Colombiniere, Chamfroid, la Tour de faint Marrin
du Frefne & de Mallia à p refent
viuant, auec dame Marie Iuftine
du Faure, vefve de meffire Loüis
de Geoffrey quand viuoit Côfeil-
ler au Parlement de Grenoble, &
fille de meffire Loüis du Favre Confeiller du Roy en fes
Confeils, & fon Prefident au Mórtier au Parlement dudit
Grenoble, Intendant dans les armées d'Italie, fous monfieur le marefchal de Crequi, & de dame Alexandrine de
faint Ferreol, du onziéme d'aouft, mil fix cents quarante-
neuf, figné & receu de Roche-fort notaire Royal de Belley, duquel mariage eft iffu, ainfi qu'il fe iuftifie par le teftament de la dite dame Marie Iuftine du Faure, du quin-
ziéme de fevrier, mil fix cents foixante, figné Guerin notaire Royal de Lyon, comme encor par fon Codicille, du
vingt-troifiéme d'avril, mil fix cents foixante-vn, receu
& figné par ledit Guerin; Sçauoir Iofeph Marie de moyria cy aprés nommé, & Anthoinette Alexandrine de moyria fa fœur, par lequel teftament ladite dame fait fon heritier vniuerfel, ledit Marie Iofeph de moyria, fon & dudit
meffire Louys Marin de moyria fils, laqu'elle dame Marie
Iuftine du Faure auoir efté heritiere vniuerfelle de meffire
Pierre du Faure fon frere vnique Seigneur de Collombi-
nieres, le Sappey, Mombonneau, & Chamfroid, & Pro-
cureur General au Parlement de Grenoble, lequel auoit
efté heritier vniuerfel dudit meffire Louys du Faure Prefident au Mortier audit Parlement de Grenoble, pere dudit meffire Pierre du Faure, & de ladite Marie Iuftine
du Faure.

MIGNOT.

LE dit meſſire Loüis Marin de Moyria en ſecondes nopces à pris pour femme damoiſelle Marie Mignot fille de Noël Mignot Eſcuyer Seigneur de Buſſi, Conſeiller, & Secretaire du Roy, maiſon, & Couronne de France, & de ſes finances, & de dame Marguerite Cheſnal, comme ſe iuſtifie par leur mariage daté du vingt-ſeptiéme octobre mil ſix cent ſoixante deux, ſigné & reçeu par Damiron notaire Royal demeurant à Villefranche en Beaujolois, duquel mariage eſt deſia iſſu vne fille nommée Marie-Heleine, & vn fils nommé François Marie, ledit meſſire Louys Marin de Moyria Seigneur dudit lieu, & de Mallia, à ſeruy long-temps de volontaire dans l'armée du Roy en Italie, s'eſtant treuué au combat de la route de Quiers, à la leuée du ſiege de Caſal, & au ſiege de Thurin, & de celluy de Chiuas, où il eut vn cheval tué ſous luy d'vn coup de canon, qui emporta les deux eſpaules de ſon cheval, & les deux bouts de ſes piſtollets, ainſi que le tout ſe iuſtifie par l'atteſtation que luy en a donné le Duc de Löngueville, le vingt-deuxiéme decembre, mil ſix cents quarante deux, ſigné le Duc de Lögueville, & plus bas Böllagier, il a long-temps auſſi commandé la compagnie de caualerie de meſſire Claude Marin de Moyria ſon pere, dans l'eſcadron de Savoye, en qualité de Cornete & Lieutenant, & aprés Capitaine. Il fut deputé du corps de la No bleſſe de Beugey, Valromey & Gex, pour aller aux Eſtats generaux qui ſe deuoient tenir à Orleans ſur la fin de l'année, mil ſix cents cinquante-vn, comme ſe iuſtifie par le reſultat de l'aſſemblée de ladite Nobleſſe, du vingt-tiéme de Iuin de la meſme année, ſigné Reydeilet Secretaire de ladite Nobleſſe, qui a eſté enſuite long temps Sindic dudit corps.

XXI.

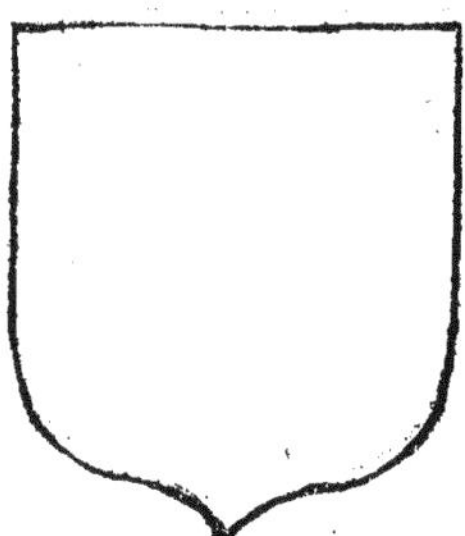

IOſeph Marie de Moyria fils
l'ayſné dudit meſſire Louys Marin de Moyria Seigneur dudit
lieu, & de Mallia, & de Dame
Marie Iuſtine du Faure à preſent
viuant, mil ſix cents ſoixante-
huict.

Les Barons de la Velliere, Seigneurs de Douvres,

PONTHVS.

D'or à trois
Viures d'a-
zur au chef
de meſme à
trois fleurs
de lys d'or
rangeés.

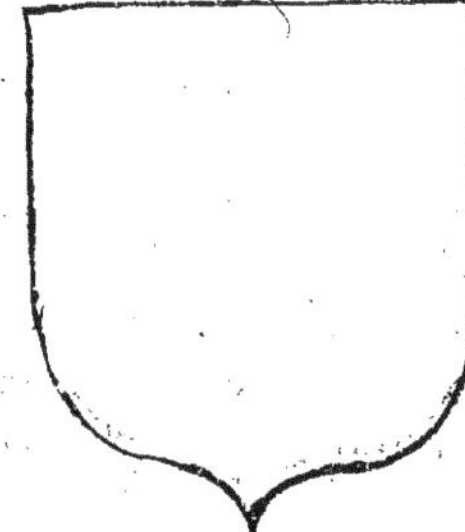

CLaude Guillaume de Moy-
ria, Baron de la Velliere,
Seigneur de Douvres ; eſtoit
troiziéme fils de meſſire Loüis de
Moyria, Seigneur de Mallia ; lequel a eu pour femme ..... Pon-
thus, dont ſon iſſus Marc-An-
toine de moyria à preſent viuant, & Mariane, & Claudine
Auguſtine de moyria.

Les Seigneurs de Vollogniat, de Beau regard, & de la
tour de Nuyriol.

D'azur à la
bande d'or
accompa-
gnée de ſix
béans de
meſme, trois
en chef, &
trois en
pointe, po-
ſés en orle.
Cimier, vne
Couronne
de Comte
d'or ſup-
ports deux
ſauuages au
paturel.
Deuiſe,
iamais las
de trauaillier

CHANDEÉ.

PIerre de Moyria Eſcuyer Seigneur de Vollogniat, Beau-
regard, & la tour de Nuyriol
eſtoit le dernier des enfans d'Antoine de moyria Seigneur de
Mallia, & d'Antoinette de Beau-
fort il fut conuié par ſon Alteſſe de Sauoye par lettres dat-
teés à Chambery le huictiéme
Septembre mil cinq cents hui-
ctante quatre, de le ſuiure en Eſpagne, où il alloit pour

son mariage , son teftament eft du deuxiéme octobre, mil
cinq cents nonante-quatre. Il eut pour femme Marie de
Chandée, fille de Iacques Baron de Chandée Seigneur de
Vaffaillieu , & de Magdelaine Andrevet de Corffan , elle
tefta le vingt-huictiéme avril , mil cinq cent quatorze,
duquel mariage font iffus Iacques de Moyria cy-aprés
nommé, & Ieanne Françoife de Moyria femme en premieres nopces d'Antoine d'Eugnier efcuyer Seigneur d'Eugnier au Comté de Bourgogne à prefent appellé Oygnat, &
en fecondes nopces fut mariée à Loüis de Coppier efcuyer Seigneur de Marrignieu, & d'Hyeres en Dauphiné.

GROLE'E.

Gironné
d'or, & de
fable , de
huict pie-
ces , ou fe-
lon les mo-
dernes.
Fatty , tail-
lé, tranché,
couppé de
fable , &
d'or.
Cimier,vne
queuë de
paon d'or.
Supports
deux Anges
au naturel
Deuife , ie
fuis Grollée.

IAcques de Moyria Efcuyer
Seigneur de Vollognat, Beau-
regard, la tour de Nuyriel, Baron de Morney, fils de Pierre de
Moyria cy-deuant , eut pour
femme Loüife de Grolé , fille
de Claude Comte de Groflée, &
de Claire de Monluel, dont il a
eu pour enfans Hugues de Moyria , Baron de Morney, qui eut
pour femme . . . . de Iardellat, dont font iffus Iean François de Moyria, & Marie & Loüife de Moyria Religieu-
fes aux Dames de Bony de l'ordre de fainct Bernard à
Belley, a eu encor vn autre fils nommé Guillaume François de Moyria, & Beatrice de Moyria efpoufe de Loüis de
Grenod Seigneur de Rougeres.

SEYSEL.

Gironné
d'or & d'a-
zur de huict
pieces.

GVillaume François de Moyria efcuier , vulgairement
appellé le Chevalier de Vollognat s'eft allié auec Ieanne Aymé
de Seyfel, fille de Charles de
Seyfel Seigneur du Chaftellard,
de Chalonges, de Billiat, confeigneur de Chaftillon de Michaille, de Mufinen & de Semi-
ne, Comte de Cyvin , & d'Iza-
beau de Morette, duquel mariage eft iffu vn fils nommé
Charles de moyria à prefent viuant.

DE BRONNA.

Pallé d'ar-
gent , & de
ſinople, de
ſix pieces.

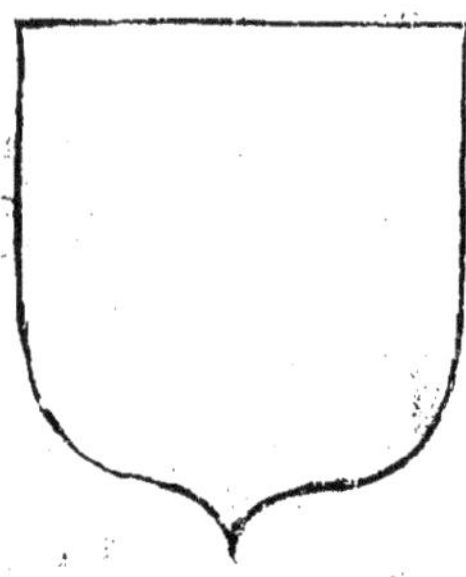

GVillaume de Moyria Che-
ualier , & Seigneur de
Chaſtillon, de Corneille, eſtoit
le ſecond fils de Perceval de
Moyria Seigneur de Mallia,
Chaſtillon de Corneille , les
Eſchelles, & la Verdattiere Bal-
lif de Beugey, & Valromey,
lequel fuſt marié deux fois , la
premiere auec Anthoinette de
Rougemont , fille de Guy de
Rougemont Seigneur de Vernoz , & de Marie de Clermont, de laquelle il n'eu aucun enfant, & la ſeconde fut
Anthoinette de Brōna fille d'Aymard de Bronna Seigneur
dudit lieu du Verney & de Choin, & de Claudine de Lia-
rans , duquel il eut pluſieurs enfans entr'autres Loüis qui
a continué la ligné des Barons de Chaſtillon de Corneille, il fut l'vn des deux cents Gentil-hommes , & chef
d'autel qui jurerent en l'an mil quatre cents cinquante-
cinq, pour Loüis Duc de Savoye le traitté d'alliance qu'il
auoit fait en l'an mil quatre cents cinquante-deux auec le
Roy Charles ſeptieſme.

GROLEE.

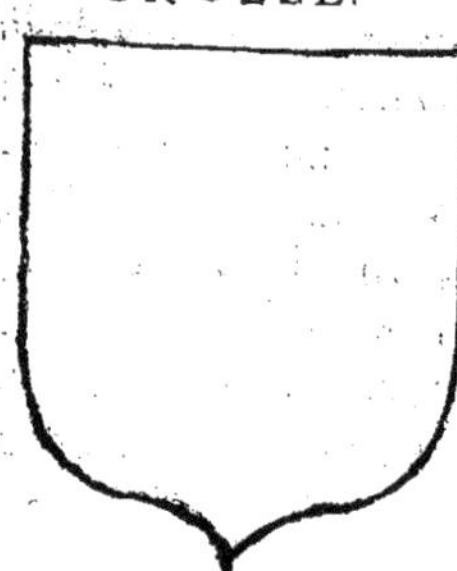

LOüis de Moyria Eſcuyer Seigneur de Chaſtillon de Corneille fils de Guillaume de Moyria cy-deuant, eut pour femme
le quatriéme ianuier, mil quatre cent ſoixante vn , Guille-
mette de Grolée fille de Iean de
Grolée Chevalier Seigneur de
Montrevel, au Dioceſe de Vien-
ne, & de Beatrice de *Mevillion*,
de l'advis de Charles de Grolée Seigneur de Chaſteau
Villain, & d'Aymé Beauvoyr Eſcuier Seigneur de Veurey
en Dauphiné , ſon teſtament eſt du vintg-quatriéme
ſeptem-

septembre , mil quatre cents septante-sept , par lequel
l'on voit qu'il eut trois fils, & vne fille; sçauoir, Antoine de Moÿria qui suit , Guillaume de Moÿria Prieur de
Montailleoz, au Diocese de Grenoble , Philippes de
Moÿria, & Anne de Moyria Religieuse.

TENEY.

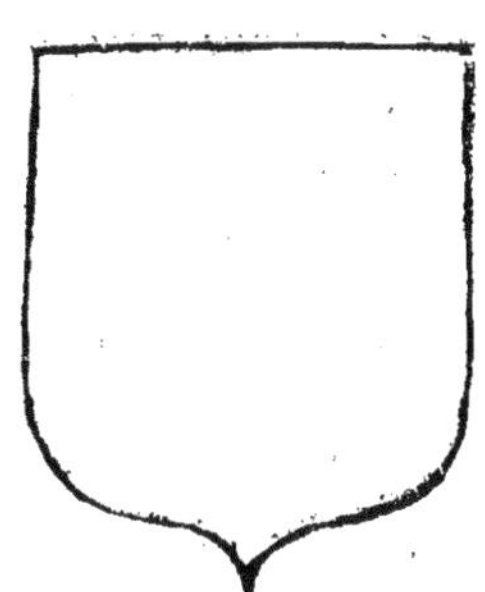

ANtoine de moyria escuyer
Seigneur de Chastillon, de
Corneille & de Mirignaz fils de
Louys cy-deuát, fit son testamét
le dixiéme de iuin, mil cinq cěts
dix huiēt , par lequel l'on voit
qu'il eut pour femme Estiennette
de Teney fille de Iean de Teney
escuyer Seigneur de la Falcon-
niére,& d'Anne de Buene dame
de Mirignaz, le contract de mariage est du vingt quatriéme d'avril mil quatre cents huictante-huict , elle fit aussi
son testament le ving-cinquiesme avril mil cinq cents
trente-huict par lequel l'on voit qu'ils eurent plusieurs
enfans , sçauoir Pierre de moyria qui suit, Louys de moyria Escuyer Seigneur de Mirignaz qui à fait la branche des
Seigneurs de Mirignaz Baron de Chastillõ de Corneille,
Estienne de moyria Abbé de sainte Marie de Cavous au
Diocese de Thurin dont il fut pourueu en l'an mil cinq
cents vingt-huict par Clement septiesme sur la nomination du Duc de Savoye, Marguerite de moyria femme de
Louys François de Montfant Cheualier & Seigneur dudit
lieu , & du Chastellet, Baron de Pymorin en Comté, puis
en secondes nopces à Alexandre d'Esquinouoya, Gentil-
homme Florentin Chevalier de l'ordre du Roy, & maistre
d'hostel de Catherine de Medicis Reyne de France. Anne
de Moyria Religieuse à Blye. Iacquemette de moyria Religieuse à Pouly en Roüannois, puis Prieur d'Isieux Françoise de moyria religieuse à Politains, Antoine de moyria
Cheualier de Rhodes.

CLERMONT.

De gueules à deux clefs d'arg nt pail és en fautoir.

Pierre de Moyria Seigneur de Chaftillon de Corneille, la tour de Iefurieux, & la Verdatiere, confeigneur au val de Rougemont, eftoit fils d'Antoine de Moyria cy-deuant, lequel fit hommage au Roy François premier, le vingt-cinquiéme d'avril, mil cinq cents trente-fix, de fa Seigneurie, & Baronne de Caftillon, de Corneille, & de la part qu'il auoit au val de Rougemont, il paffa contract de mariage auec Françoife de Clermont, fille de Loüis Comte de Clermont, dont eft iffu vn feul fils nommé Iean-Philibert de Moyria.

VILLETTE CHEVRON.

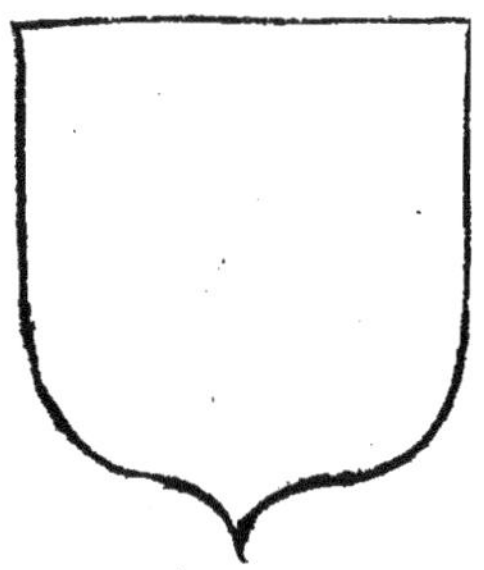

IEan Philibert de Moyria Baron de Chaftillon de Corneille, Seigneur de Montgriffon le Chaftellet, la tour de Iefurieux & confeigneur au Val de Rougemont, fils de Pierre de Moyria cy-deuant, nâquit le vingt-fixiéme feptembre, mil cinq cents vingt-neuf, & eut pour femme Claudine de Villette de Chevron, dont il a eu les enfans fuiuans; fçauoir Claude de Moyria, Anne Charlotte de Moyria, laquelle fut mariée à Eftienne de Roffillon Seigneur de Beauretour, & Ieanne de Moyria mariée auec Loüis de Vignod efcuier Seigneur de Vignod, & de Chaney en Michaille.

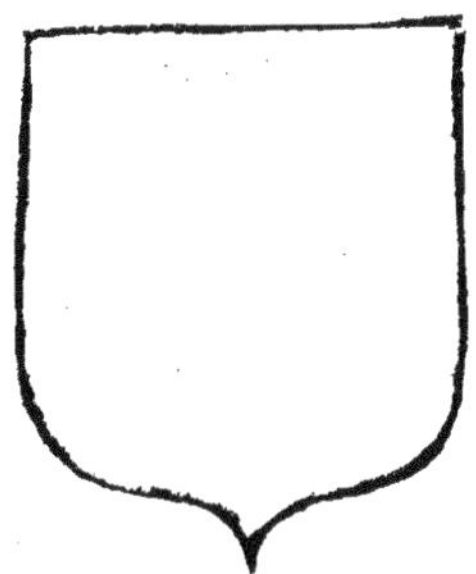

Claude de Moyria efcuier Seigneur des mémes lieux, fils de Iean Philibert de Moyria cy-deuant, efpoufa, & eut pour femme Petronille de moyria fa parente, mefme nom & mefmes armes, fille de François de moyria Seigneur de maillia, Baron de la Velliere, & de Claudine de Proft, dóc il n'eft forty qu'vne fille nommé Ieanne Claudine de moyria, mariée à Claude de moyria efcuier Seigneur de Cheuelu en Savoye, auff fon parent mefme nom, & mefmes armes de la quelle fera plus amplement parlé cy-aprés.

Les Seigneurs de Mirignaz Barons de Chaftillon de Corneille.

LA BALME DV TYRET.

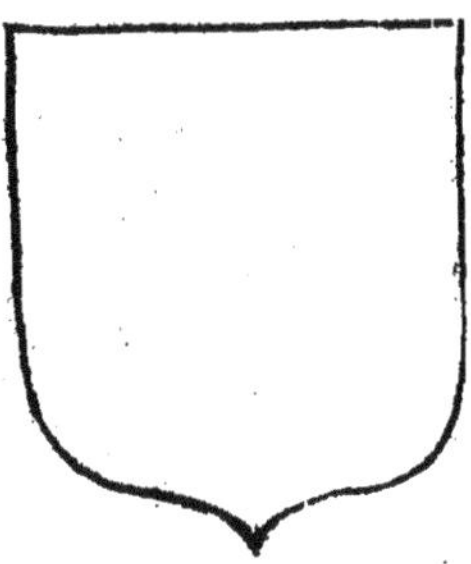

De gueulles à la bande d'argent bordée d'vn fillet d'or, accompagné de fix bezans auffi d'argent en orle. Cimier, *vn beriffon de fable.*

Loüis de Moyria efcuier Seigneur de Merignaz, eftoit fils puifné d'Antoine de Moyria efcuyer Seigneur de Chaftillon de Corneille, il efpoufa le vingt-feptiéme avril, mil cinq cents trente-neuf, au Chafteau de Tyret, Charlote de la Balme fille dudit de la Balme Seigneur dudit Tyret, & de Loüife de Chantdieu, de laquelle il eut André de Moyria qui fuit & Edoüard Iean de Moyria chevalier de Malte decedé aux Guerres de Flandres, comme fe iuftifie par fon tefta-ment, du dix-huiétiéme de mars, mil cinq cents foixan-te-trois.

CHEVELV.

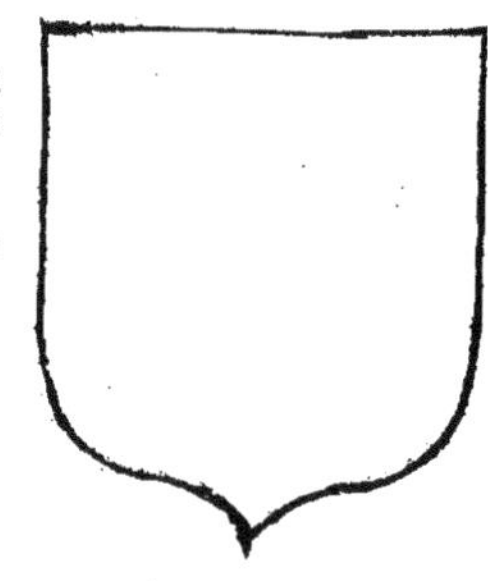

ANdré de Moyria Seigneur de Merignaz, fils de Loüis cy-deuant eut deux femmes, la premiere nommée Claudine de Cheuelu, fille de Iacques de Cheuelu, efcuier Seigneur dudit Cheuelu en Savoye, & de Françoife de Lottyer, duquel mariage font fortis Claude de Moyria Seigneur de Cheuelu, Baron de Chaftillon de Corneille, mentionné icy aprés. Iean de Moyria Religieux, & chamarier à Nantua. Ieanne de Moyria efpoufe d'Alexandre de Gandelain efcuier Seigneur de Piles au Comté de Venaifçain, de Chafteau Vieux, de Monttorfier, de Valouze en Dauphiné, & de Beau-lieu en Lyonnois, fils ayfné d'Efprit de Gandelain, efcuier Seigneur des mefmes lieux, & de Catherine de Perdrix Dame de la Balme d'Argençon, ledit Efprit de Gandelain eftoit fils d'Antoine de Gandelain Seigneur defdits lieux, & de Magdelainé de Montorfier, & ledit Antoine fils de Pierre de Gandelain Seigneur de Pilles, de Chafteau Vieux, de Valouze, de l'Eftol, Leftret, & de Magdelaine de Vaft, duquel mariage de Ieanne de moyria, & d'Alexandre de Gandelain, eft forty Iacques de Gandelain efcuier Seigneur de Beau-Lieu en Lyonnois, Efcœülles pont de Vaux & Gros-bois, au Duché de Bourgongne, ledit Alexandre de Gandelain fut Capitaine au Regiment de laMotte Houdancourt, & eut pour femme Anne de la Tour, fille de Guillaume de la Tour, Baron de Ioufteaut en Comté de Mahond en Chaumont, eft forty encor dudit mariage d'André de Moyria, & de ladite Claudine de Cheuelu, Clere Marie de Moyria, laquelle en premieres nopces fut mariée à Claude de Pafchal Seigneur de Cortency en Dauphiné, & en fecondes nopces à François de Grenaud Seigneur de Rougemont, & de Lennay, & en troiziémes à Claude de la Griffonniere, Seigneur de la Carme & de la tour de Deaul. Claudine de Moyria mariée à Aymé de Mifieux, efcuier Seigneur dudit lieu en Beugey, & en fecondes nopces ledit André de Moyria prit

pou-

pour femme Françoise de Moyria, fille de François de
moyria Seigneur dudit lieu, & de Mallia, & de Claudine
de Proft, dont font iffus Loüis François de moyria, Loüis
de moyria, Iean de moyria, Pierre François de Moyria,
Iean Philibert de moyria, Marie Clere de Moyria, qui fut
mariée à Pierre de Gelas efcuier Seigneur de belle-Veuë
& de Valliere, Baron de Cezan, duquel mariage font If-
fües deux filles, l'ayfnée mariée au Seigneur de Camus de
Baigneol, Gouuerneur du pont de Sé, & l'autre mariée
au Seigneur de la Motte de faint Vincent.

MOYRIA.

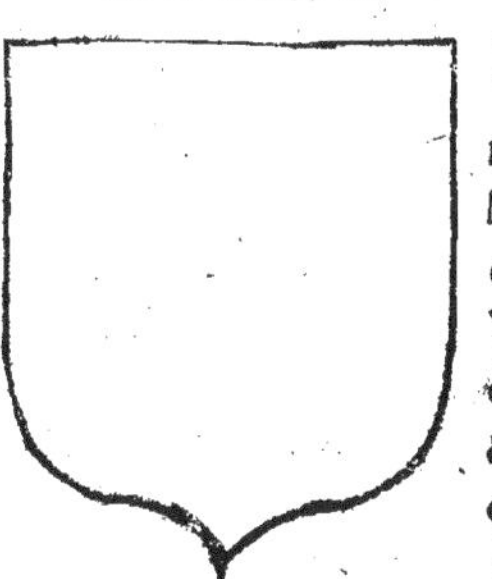

Claude de Moyria efcuier,
Baron de Chaftillô de Corneille, Seigneur de Cheuelu, de
Mirignaz, Montgriffon, la tour
de Iefurieux, & confeigneur au
Val de Rougemont, fils ayfné
d'André de Moyria cy-deuant,
& de Claudine de Cheuelu, lequel efpoufa Ieanne Claudine
de Moyria, fille de Claude de
moyria, & de Petronille de moyria, ainfi qu'il en a efté
parlé cy-deuant, laquelle fut heritiere de la Baronie dudit Chaftillon de Corneille, duquel mariage plufieurs enfans font fortis; fçauoir Iean Pierre de moyria Seigneur de
la tour de Iefurieux; puis Baron de Chaftillon de Corneille, duquel nous parlerons en fon rang, Aymé de moyria
dit de Montgriffon Religieux, profés à Nantua de l'ordre de Cluny, & Sacriftain de Monnetey, fous tres-fort;
Iean Loüis de moyria Religieux en l'Abbaye de faint
Claude, & à prefent facriftain de ladite Abbaye, Charlotte de moyria Abbeffe des Dames de faint Benoict de
Blye dans la ville de Lyon en la place de Belle-cour, Iéane
Petronille de moyria femme de Bertrand de Grenaud efcuyer Seigneur de Rougemont, duquel mariage eft iffu
vn feul fils Seigneur dudit Rougemont, & de Lentenay,
Anthoinette de moyria Religieufe aux Dames de faint Benoict de Bons, Claude Pierre de moyria efcuier Seigneur
de faint Hierôme qui à efpoufé Simonne de la Croix de
la Ville d'Auxonne, fille du Seigneur de la Croix, Seigneur

de

de Villiers lez Pots, qui a commencé la branche des Sei-
gneursde Moyria de saint Hierofme,à present Seigneur de
Mirignaz.

LE PELLOVX.

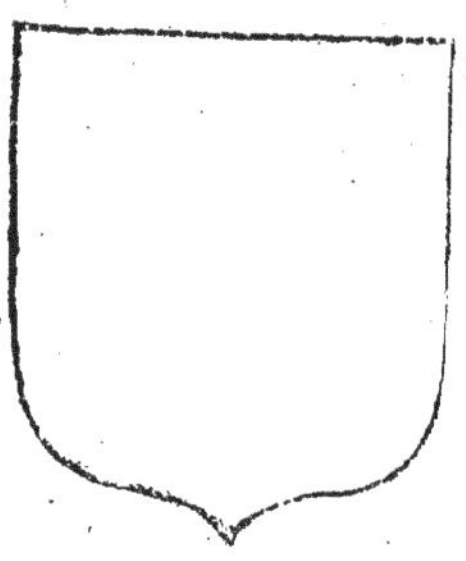

IEan Pierre de Moyria Baron
de Chaftillon de Corneille,
Seigneur de Montgriffon la tour
de Ieffurieu, & confeigneur au
Val de Rougemont, fils ayfné de
Claude de Moyria, & de Claudine de Moyria, lequel eut pour
femme en premieres nopces, le
dixiéme feptembre, mil fix cents
vingt-vn, Magdelaine de la Bre-
tonniere, fille d'Antoine de la Bretonniere, efcuyer Seigneur de Ganges en Tourrenne, Capitaine Gouuerneur
du Pleffys les Tours, & de Magdelaine de Thyver, de la
quelle il n'a eu enfans, elle eftoit vefve de Hierofme de
Beneuent, Seigneur de Gyrocour, Treforier General de
Fráce à Bourges, duquel elle auoit eu vne fille nómée Magdelaine de Beneuent, femme d'Aymé Barraillon Seigneur
de la Cofte, Cófeiller du Roy,& l'vn de fes maiftres d'hoftel ordinaire, qui fut tué aux guerres de Paris au Faux-
bourg, de S. Antoine d'vn coup de moufquet:en fecondes
nopces, il s'eft remarié au mois de nouembre mil fix cent
quarante neuf, auec Chriftine du Pelloux fille de Nicolas
du Pelloux Seigneur de Bays en Vivarais, & Chaterine Du
puis, dont font iffus deux fils & deux filles, fçauoir Chrifan-
te de Moyria fils ayfné, Veronique de Moyria fa fille
ayfnée, Leandre de Moyria deftiné pour eftre chevalier
de Malte, & Arie de Moyria feconde fille, ledit Iean Pierre de Moyria a porté les armes l'efpace de trente-cinq
ans, il a efté dix ans ayde de Camp, & eft aujourd'huy vn
des plus vieux Marefchaux de bataille du Royaume, à l'â-
ge de quatorze ans il fut Enfeigné d'vne compagnie de
gens de pied au Regiment de Chefney, puis capitaine en
chef, depuis il fut premiér capitaine du Regiment de la
Grange, au combat d'Oftage, & aux fieges de Gauy, de
faint Iean d'Angely, de Royans & de Mont-pellier, il
eftoit dans le mefme regiment, au combat des barricades

I

de Suze, & au siege de Privas, commanda ledit regiment
pendant le memorable siege de Casal, où toutes les ope-
rations de la guerre, tant pour l'attaque que pour la def-
fence se font pratiquées, & où ledit Iean Pierre de Moyria pour lors appellé le sieur de la Tour Chastillon, fut
blessé d'vne mousquetade à la cuisse en vne sortie aprés la
paix de Casal, le regiment de la Grange estant venu en
France, le maistre de camp fut honnoré du brevet de Mareschal de camp, & du Gouuernement de Belle-garde, &
ledit sieur de Chastillon, de celuy d'ayde de camp, & de
Lieutenant de Roy à Belle-garde, & peu de temps aprés
le Seigneur de la Grange estant decedé, il eut vne pension
du Roy de deux mille liures, auec ordre de commander
à toutes les garnisons de Belle-garde, Verdun, saint Iean
de Lausne & Auxonne Le Roy ayant donné le Gouuernement de Belle-garde, & le regiment de la Grange à
Monsieur le Mareschal de la Motte-haudancour, le sieur
de Chastillon eut ordre du Roy de marcher auec ledit regiment, & de joindre l'armée de sa Majesté à Meziéres,
commandé par Messieurs les Mareschaux de Chastillon &
de Brezée, & c'est en ce voyage où il fit la charge d'ayde
de camp, de Lieutenát Colonel, & de Sergent Major du regiment de la Motte, & en cette qualité se treuua à la fameu-
se battaille d'Auain, où il fut blessé d'vne mousquetade
au bras, de là se fit le siege de Louvain, où il ouvrit la
tranchée, & fut blessé legerement d'vne mousquetade à la
teste en vne sortie; le siege de Dole ayant esté formé le regiment de la Grange y seruit, & le sieur de Chastillon s'y
signala en plusieurs occasions, & en suitte au combat, &
siege de Poligny en Comté, sous Monseigneur le Duc de
Longueville, car ce fut le sieur de Chastillon, qui estant
de garde ce iour là, donna l'assaut & fut blessé d'vne
mousquetade à la teste sur la bresche, où fut tué proche
de luy le sieur de Lyonnieres-Seyturier son Enseigne, &
son cousin, l'année suiuante Monsieur le Mareschal de la
Motte, lors Mareschal de Camp, ayant eu commande-
ment du Roy d'aller joindre l'armée du Duc de Vveimar
dans le Comté de Mont-beilliard, on assiega l'Isle, où ledit sieur de Chastillon ayde de Camp seruit & passa la
riviere du Doux à pied dans l'eau iusques à la ceinture, ce

siege

siege fait & celuy de Baume lez Nonnains , le Duc de
Vveimar repassa le Rhin , & donna ce grand combat aux
troupes du Duc de Bavieres , commandées par Iean de
Vvert, où ledit Sieur de Chastillon seruit vtillement sans
estre blessé Ce quartier d'hyver passé monsieur le Duc de
Longueville eust encor vn corps d'armée à commander
qu'il conduisit par la Bresse, dans le dessein d'attaquer
saint Claude, mais estant à Poncin , il eust ordre de re-
tourner en arriere pour reprendre Luneville en Lorraine,
que le Duc Charles auoit fait surprendre , elle fut reprise
d'assaut, auquel le sieur de Chastillon eut vne attaque, &
força son poste fort genereusement. Le regiment de la
Motte s'est signalé en toutes les plus remarquables occasions de la guerre du Piedmont. En toutes lesquelles ledit
sieur de Chastillon a paru nommément au secours de Casal sous Monsieur de Harcourt , au combat de la Route,
à la retraitte de Quiers, au siege de Turin , où il fut Mareschal de battaille , & depuis au siege de Cony , où il fut
dangereusement blessé à la teste, il eut toute la conduite
des travaux de la circonvalation du siege de Tortone , &
partie de celle de Train , à l'assaut duquel il se trouua ; le
sieur de Chastillon a encor seruy à la prise de la Citadel-
le d'Ast, au voyage de la reprise de Final ; il donna le
dixiéme l'assaut à la bresche de Vigeuane à la teste du
regiment de Lorraine , à la retraitte de la Mora , il seruit
seul de Mareschal de bataille à la teste de l'armée du Roy
huict heures durant, fut blessé de trois mousquetades, dont
l'vne luy trauersoit le corps sans auoir loisir de se faire
penser que le lendemain.

CRisante de Moyria fils aysné de Iean Pierre de Moy-
ria cy-deuant , & de Christine
du Pelloux , à present viuant,

Claude Pierre de Moyria éscuier Seigneur de saint Hierôme, fils cadet de Claude de Moyria escuier Baron de Chaftillon de Corneille, lequel eut pour femme Simonne de la Croix de la Ville d'Auzonne, fille du Seigneur de la Croix, Seigneur de Villiers lez Pots, dont font issus deux enfans ; sçauoir Iean Pierre de Moyria qui suit, & Chriftine de Moytia Religieuse aux Dames de Blye de Lyon.

DE RENAN

D'or à trois Epies de millet.

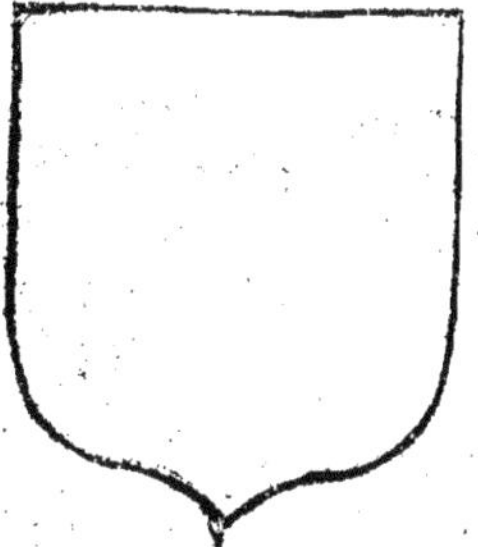

IEan Pierre de Moyria Seigneur de saint Hiérôme & de Mirignaz, fils de Claude Pierre de Moyria cy deuant, a pris pour femme Loüise Baltazarde de millet, fille de Claude de Millet & Charlote de Grily en Savoye, du Comté de Bourgogne, ledit Iean Pierre de Moyria dit de Mirignaz eft à prefent Lieutenant de Cavalerie dans le Regiment de monfeigneur le Prince, cette année 1669.

www.ingramcontent.com/pod-product-compliance
Ingram Content Group UK Ltd.
Pitfield, Milton Keynes, MK11 3LW, UK
UKHW022220070726
13613UKWH00004B/1775